逐梦和美：小学教育育人辑录

李洪江 著

延边大学出版社

图书在版编目（CIP）数据

逐梦和美：小学教育育人辑录 / 李洪江著. -- 延吉：延边大学出版社，2022.10
 ISBN 978-7-230-04102-7

Ⅰ. ①逐… Ⅱ. ①李… Ⅲ. ①小学教育－教育研究 Ⅳ. ①G622.0

中国版本图书馆 CIP 数据核字(2022)第 200370 号

逐梦和美：小学教育育人辑录

著　　者：李洪江
责任编辑：董　强
封面设计：金世达
出版发行：延边大学出版社
社　　址：吉林省延吉市公园路 977 号　　　邮　　编：133002
网　　址：http://www.ydcbs.com　　　E-mail：ydcbs@ydcbs.com
电　　话：0433-2732435　　　传　　真：0433-2732434
印　　刷：天津市天玺印务有限公司
开　　本：787×1092　1/16
印　　张：10
字　　数：200 千字
版　　次：2022 年 10 月 第 1 版
印　　次：2024 年 3 月 第 2 次印刷
书　　号：ISBN 978-7-230-04102-7

定价：58.00 元

前　　言

学校是什么？学校是孩子们学习科学、掌握知识的学园，是孩子们快乐生活、平等交往的乐园，是孩子们健康成长、学习本领的花园……学校让少年儿童在生动活泼的氛围里学做人、学知识、学本领、增能力，成为"道德高尚、富有爱心、谦卑好学、习惯良好、关心他人、关注社会、能力出众、全面发展"的新一代。

教育是什么？教育的本质是树人，教育者的责任是引路。教育的使命是让孩子在离开学校后依然能自主而健康地成长，弘扬社会正能量。"少年强则国强，少年进步则国进步"，教育要重视少年儿童的全面发展。

小学生正处在人生发展的关键敏感期，思维活跃，充满好奇，喜欢提很多问题。有些问题跟小学教师所教科目不一定有直接联系，但教师在小学生心中是知识文化的象征和权威，其言谈举止更是对小学生的成长有重要影响，而且小学生有强烈的"向师性"，以教师为模范，因此小学教师不但要具备广博的知识，还要注意自己的一言一行。

本书共分为三个部分。第一部分"报告"，整理了许多关于小学教育的反思、启发和心得；第二部分"典礼致辞"，汇总了近年来关于小学教育的各种优秀演讲内容；第三部分"规划、总结"，是对近些年来小学教育的规划与总结。

由于笔者的水平有限，书中难免有不足之处，恳请广大读者批评指正。

李洪江
2022 年 8 月

目　录

第一部分　报告 ……………………………………………………… 1

日光璀璨海天阔，风正帆悬寻梦来 ………………………………… 1
构建特色课程体系，培育学生核心素养 …………………………… 2
江南大学之旅，启迪教育智慧之旅 ………………………………… 6
日照市新营小学"和美"文化润泽成长心灵 ……………………… 8
"益"起来，"慧"精彩 …………………………………………… 11
陶行知教育思想对新时代小学教育改革的启发 ………………… 16
牢记使命守初心，立足岗位埋头干 ……………………………… 20
以文化人构建和美校园 …………………………………………… 24
为了那片成长的阳光 ……………………………………………… 28
日照市新营小学党总支事迹材料（2021） ……………………… 31
聚力教师队伍建设，提升学校"软实力" ……………………… 34
多措并举，让"双减"扎实落地 ………………………………… 38
管理有艺术，学校有温度 ………………………………………… 40
努力使"双减"工作落地落实 …………………………………… 42
学而知，知而行，行而远 ………………………………………… 44
读懂《论语》，就读懂了人生 …………………………………… 49

第二部分　典礼致辞 ……………………………………………… 63

乘风破浪，扬帆远航（2011） …………………………………… 63
庆祝"六一"国际儿童节大会上的讲话（2012） ……………… 64

志存高远，扬帆起航	65
济南路小学2014—2015学年上学期开学典礼讲话稿	67
在庆祝"六一"国际儿童节大会上的讲话（2015）	69
2016年春季运动会上的讲话	70
2016年教师节座谈会讲话	71
"开启和美之门"入学典礼致辞（2017）	74
秋季开学典礼校长讲话（2017）	75
大队委授标仪式致辞（2017）	76
春暖花开日，风正扬帆时	78
"入队礼"校长致辞（2018）	79
少年十岁，未来可期	80
秋季开学典礼校长致辞（2018）	81
奔向新时代，追梦新营人	82
2019上半年家长会校长致辞	84
在庆祝"六一"国际儿童节大会上的讲话	86
感恩立志，逐梦前行	87
秋季开学典礼校长致辞（2019）	89
红领巾心向党，争做新时代好队员	90
2019下半年家长会校长致辞	91
夯本固基促提升，奋进发展谋新篇	94
心怀家国，向阳而生	104
弘扬抗疫精神，厚植家国情怀	106
"开启和美之门"入学礼校长致辞（2020）	107
寒假放假大会校长致辞（2021）	108
铿锵玫瑰勇担当，新营巾帼别样美	110
"开启和美之门"入学礼校长致辞（2021）	111

  共享冬奥情，一起向未来 …………………………………………… 113

  向美而生，逐光而行，筑梦未来 ………………………………… 115

  日照市新营小学成童礼校长致辞（2022）………………………… 117

第三部分　规划、总结 ………………………………………………… 119

  规范管理求创新，内涵发展创特色 ……………………………… 119

  李洪江名校长工作室三年发展规划 ……………………………… 123

  践行和美教育，创建人民满意学校 ……………………………… 129

  凝心聚力共创和美 ………………………………………………… 141

参考文献 …………………………………………………………………… 152

第一部分 报告

日光璀璨海天阔，风正帆悬寻梦来
——济南路小学成功举办鲁豫皖新教育联盟开放周活动

2013年10月31日上午8点，鲁豫皖新教育联盟开放周济南路小学分会场展示活动拉开了帷幕。来自鲁豫皖三省的新教育代表300多人参加了活动。

本次活动以"研发卓越课程，缔造完美教室"为主题，分四个板块进行了展示。由我校领导、教师、学生、家长共同参与的新教育叙事《润心无痕，花开有声》，从学校的管理理念、特色课程体系的建立、学生的成长故事等方面进行了精彩的汇报展示。来自东港区其他优秀新教育学校的教师也进行了现场展示：第二实验小学臧丽丽老师的"每月一事"、第三实验小学王玲玲老师的"写作课程"叙事，从不同侧面展现了新教育人的无悔追求。凤凰小学安然老师的《欢乐中国年》、日照街道四小尹德香老师的数学探究课程展示，是教师构筑理想课堂、追求卓越的真实写照。最后，济南路小学的校本、生本、班本特色课程向与会代表全面开放，其中校本课程"T台秀"中孩子们优美的身姿、生本课程"童话舞台"中孩子们动情的表演、班本课程"水墨小品"中孩子们的挥毫泼墨等，无不令观摩的教师眼前一亮，驻足流连。

诗意灵动的廊道文化、内涵丰富的楼梯文化、异彩纷呈的班级文化，让济南路小学的校园在这个金秋更加光彩夺目、书香四溢，让走进济南路小学的新教育同人更加坚信：根植在新教育的泥土里，采撷着新教育的阳光，定会一路花开、一路芬芳！

构建特色课程体系，培育学生核心素养

为深化课程改革，推进素质教育，在"润心教育"办学思想的引领下，我们依托现代课程理念，以现代教育理论和新课程理念为依据进行思维潜能开发的研究和探索，构建学校的特色课程体系，培育学生的核心素养。通过研究和探索，我们实现了以下四项创新。

一、确立现代课程理念，创新校本课程开发思路

课程理念是课程开发的灵魂，教师学习掌握新理念是至关重要的。为此，我们采取专家讲座、学校集体学习和个体自学相结合的形式对教师进行培训，帮助教师确立现代教育观念和新的课程理念。基于创新课程开发的重要性，我们成立了由首席教师、省市区专家和中国教育科学研究院专家组成的课程研发团队，对我校思维潜能开发课程的研发人员进行培训、指导。我们一边开发与实施，一边积极征求学生的建议和意见，不断完善教学内容、改进教学方法，将更新后的课程内容进行整理并编制成册。我们根据学生的年龄特征、认知规律，开发了涉及顿悟拓扑类、规划运筹类、逻辑推理类等共 37 门课程。思维潜能开发课程促使教师积极调整自己的知识结构、能力结构、教学方法，使教师沿着专业化的道路成长；同时还发展了学生的思维能力，培养了学生发现问题、解决问题的能力，使课堂成为学生思维碰撞、情感交流的乐园，促进了学生整体素质的提高。

二、学习研究探索，创新课程研发策略

在课程研发的过程中，我们遵循"全人教育"的核心育人理念，从学生的认知规律和生活经验出发，充分关注学生的兴趣，整合学科知识，以培养学生的创新思维和能力为根本目的，创新了课程研发的策略：一是依托探究器具的规则、起源、策略等显性因素进行开发；二是依托探究器具中的元素进行开发；三是在课堂教学实践中进行开发；四是在教师中进行开发；五是在学生中进行开发。研发策略的制定与实施使我校教师依托探究器具，在经历了意识层面、理论层面和操作层面的层层洗礼与锻塑的基础上，越来越多地关注鲜活的课程资源，逐步摒弃传统的唯国家课程、唯教材、唯课堂等观念，树立新的价值观、课程观和学生观。

三、遵循学生认知规律，创新教学设计策略

教学设计是课堂教学的起点，教学设计的成败直接影响着教学效果。因此，在思维潜能开发课程的研究与实施中，我们不断探索，以学生乐于参与为目的、以问题为纽带、以学生为核心，创新了思维潜能开发课程教学设计的五大策略：指向策略、内容策略、教学结构策略、优选策略、创设情境策略。

五大策略的实施促使我校教师在教学设计过程中积极创设操作体验情境，使学生的操作更有探究性、课堂更高效；促使教师认真挖掘教材中的创造思维因素，精心设计教学过程，学生的创造思维能力不断提升。从汉德英老师的"汉诺塔"、李霞老师的"顾全大局"、姜力老师的"二元金字塔"等课例中，明显地感觉到教师创造性开发使用探究器具的能力、设计教学的能力都有了很大提高。

四、遵循课堂教学规律，创新课堂教学模式

思维潜能开发课程是一门独特的开发学生思维潜能的课程。为配合课程的实施，我们开发了"活动-探究"课堂教学模式。思维潜能开发课程课堂教学的创新，经历了"同伴交流听评—首席教师听评—研究团队听评—学校指导听评—专家听评"的"五段精细打磨"，创新了课堂教学模式和教学方法，提高了师生教与学的创新能力。

"活动-探究"教学模式是以思维潜能开发探究器具为依托，以师生开发的教学内容为载体，以教学目标为出发点，以在教学过程中开展具有教育性、实践性、探究性、创造性的学生主体活动为主要形式，以激励学生主动参与、主动探究、主动思考、主动创新为基本特征，以实现学生多方面综合能力发展为核心，充分发挥个体、小组、班级学习的积极效应，促进学生主动发展、全面发展的课堂教学模式。

"活动-探究"教学模式的基本程序是：创设情境，激趣导题→激疑引思，自主探究→学科结合，解决问题→实践演练，创新应用→评价体验，拓展提升。这一模式使每一个学生都主动参与到教学活动中来，遵循课堂教学规律，体现了"以人为本"的教育理念，开拓了学生的思维，为学生的创新活动提供了支持，提高了学生的综合素质。

思维潜能开发课程的探索与实践充满着艰辛与坎坷，但是正是这种磨炼使我们拥有了一份独特的经历，让收获的果实更加香甜。

（一）促进了教师的专业发展

在开发教材的过程中，教师创造性地使用教材、组织教学过程、进行教学评价，教师开发、使用教材的能力有了明显提高。"三磨课一展示"研究使教师驾驭课堂的能力，精心预设、巧抓生成的能力等都有了不同程度的提升。例如，我校焦华云老师在算术棋教学中引导学生打破思维定式，创新操作规则，借助探究器具进行四则混合运算，使二年级学生的计算能力已经达到四年级水平，极大地发展了学生的思维能力和速算能力，她执教的算术棋在中国教育科学研究院第十六届小学优质课观摩评议会上获得一等奖。

（二）增强了学生的创新意识

在思维开发课堂上，我们发现，学生不再满足于一种固定的解题方法，而是积极寻求更多的解题思路，创新更多的操作方法。在算术棋课上，学生在运用加法进行操作的基础上，又从"色子的计算方法"和"限制色子投掷次数"两个不同的维度，创新出了另外四种不同的操作方法。在四巧板课上，学生将拼摆好的几十种图形绘制并粘贴在记录卡上，"一飞冲天、一鸣惊人、一帆风顺、一马当先……"等富有创意的成语脱口而出，小小四巧板承载了语文、数学、美术等多学科知识，让学生在发现美、欣赏美、创造美的同时提高了自己的创新能力。

（三）丰富了学校的办学特色

依托"润心教育"办学思想，打造多元发展的润心课程文化是我校的办学特色。思维潜能开发课程的研发进一步拓展了校本课程体系，丰富了课程资源，其中生本课程"花样跳绳""竹竿舞""校园交际舞"融入大课间，成为学校一道亮丽的风景，充分体现了"让每个生命都绽放光彩"的课程理念。同时，丰富多彩的校本教育活动的开展，促进了学校的精细化管理和学生的全面发展，学校的教育教学出现了前所未有的活力，得到了各级领导和社会各界人士的充分肯定。我校的体育、艺术等教学成绩斐然，这些都是与思维潜能开发课程的研发分不开的。

研究的过程是艰辛的，可最终的收获是丰厚的。2014年7月14—17日，中国教育科学研究院第十六届全国小学优质课观摩评议会暨"思维潜能开发"现场会在东港区举行。我校承接了思维潜能开发的现场展示活动，来自全国17个省（自治区、直辖市）的教育专家和实验学校干部教师以及全区小学优秀骨干教师、业务校长等1 000余人参加了此次观摩活动。

思维潜能开发课程的研究给我们济南路小学插上了腾飞的翅膀，我们全校师生将承接这份信心，凝聚力量再续辉煌！

江南大学之旅，启迪教育智慧之旅

——2017 日照名师名校长高级研修班学习心得

小雪时节的江南，乍寒还暖。2017 年 11 月 20 日至 25 日，我有幸参加了日照市教育局组织的日照市名师名校长高级研修班培训，来到了美丽的江南大学。无锡之行对我来说是一次启迪智慧、增强信心、净化心灵、终生难忘的学习之旅。在一周的培训生活中，我们聆听了专家们高屋建瓴又充满教育情怀的报告，还走进了江苏省无锡连元街小学、无锡市江南中学阳光校区、无锡市凤翔实验学校三所名校参观。置身于名校的校园中，感受着名校的气息，聆听着前沿的教育思想和理念，令人深受震撼。下面是我此次培训的心得体会。

一、通过聆听专家讲座，更新了观念，开阔了思路，提高了认识

"读书多了，容颜自然改变。许多时候，自己可能以为许多看过的书籍都成过眼烟云，不复记忆，其实他们仍是潜在的。在气质里，在谈吐上，在胸襟的无涯。当然，也能显露在生活和文字中。"这段话摘自三毛的《关于读书》。想让学生喜欢阅读，必先从教师喜欢阅读开始。

我们有幸聆听了《优质教师的角色意义和行动路径》《学情诊断的变革》《基于核心素养的学校课程整合》《追寻教育最美姿态》《阅读与教师专业成长》《江苏民歌赏析》等讲座。这些讲座从不同的角度就如何实施素质教育、如何进一步引领教师专业成长为我们作了生动的讲解，使我对一些教育观念的理解更加深刻，对教学理论的认识更加明晰，也为我以后的教育管理提供了理论依据。其中，印象最深的就是尤敬党老师的报告——《阅读与教师专业成长》，既专业又充满对生活和教育的热爱，很有感染力，

我听完之后备受感动。他告诉我们，教师读书是为了规范专业行为，增添专业情趣，建设精彩的人生。尤老师从教师的读书问题、教师读书的真正价值在哪里、在多元文化时代应该怎样读书等几个方面给我们作了详细解读。

二、通过学习参观无锡名校进一步领悟到，学校所有工作的出发点和落脚点就是以学生的健康成长为本

好的教育和一所优质的学校必定是以人为本的。

（一）以学生为本的活动

在听校长作报告时我发现，江苏的学校都在开展各种社团活动，活动的开展考虑得非常周详，每个活动在设计时、在实施中、在结束后，无时无刻不在考虑学生这个主角，让学生主动参与、主动获取相关的科学文化知识和技能技巧，不断发展学生的兴趣、培养学生的多种学科能力。一个活动中的多个环节、多个任务都是由学生自己来完成的，学生在活动中学习，在活动中感悟，在活动中成长。

（二）以学生为本的舞台

学校给学生提供了各种机会和平台，让学生的个性得到发展和张扬。学校鼓励学生走上舞台展示自己的才艺，如为学生设立专门的美术作品展厅，为学生提供钢琴及演出场地，让学生展示才华。这些展示活动的海报也都由学生自己设计、绘制。通过各种活动，学生的综合素质得以提升，个性得到张扬。

（三）以学生为本的课程

这几所学校进行的校本课程研究和建设，都从学生的角度出发，考虑学生的成长和发展，如江苏省无锡连元街小学的娱实教育课程。通过校本课程，学生学习并掌握了生

活中各方面的规则和礼仪，提高了沟通交流的能力。

在这短短一周的学习中，我的收获很大，获得的学习经验将对我今后的工作发挥重要的指导作用。

日照市新营小学"和美"文化润泽成长心灵

时间的年轮刻印着奋斗者的足迹。1995年12月27日，在东港区秦楼街道沟南村西一片芦苇杂生的耕地上，占地14 940平方米的日照市新营小学开工建设。1997—2019年，一代代新营人砥砺奋进，诠释了发展可持续教育的应有之义。

回眸22载立德树人之路，学校秉承"和美"教育的办学理念，践行爱与责任的新营精神，以创建安全节约、阳光和美、文明创新的绿色书香型校园为目标，不断改革进取、迈上新台阶。学校通过创设和谐优美的"生态园"，画好以人为本的"同心圆"，构建七彩课程的"百花园"，搭建"相约一三五"校本教研平台，创立四大校园文化节，营造"和美"共生的文化磁场，让每一位师生在"和美"阳光下健康快乐成长，形成了独具特色的新营思想。

在新营小学，"和美"既是一种教育思想，也是一种教育愿景，更是一种学校品格。它鼓励个体差异性的成长，又展现多样性的统一，促使教师形成"诚心、静心、虚心、潜心"的教风，学生养成"乐学、勤学、会学、博学"的学风。如何办好一所"和美"学校？对此，李洪江校长有着自己的思考："学校管理的目的是促进人的发展，基本形式是服务，核心是建设优秀的学校文化，而一以贯之的实践是成就和美教育的基石。"

一、培养和美少年的七彩课程

学校首要的任务是科学地制定课程。新营小学将和美文化融入教学理念,创新性地规划开发七彩"1+X"课程体系。

"1"指国家课程,是课程体系的基础,是课程整合创新的基点。"X"指以国家课程为基点,顺应学生成长需求,整合地方课程、校本课程开发实施的系列和美课程。

新营小学副校长李鑫说:"一方面,为减少课程门类,我们尝试对部分课程进行整合,形成学生必修的各类主题课程;另一方面,我们充分利用教师、学生、家长、社会等课程源,开发丰富多彩的校本课程供学生自主选择,为他们的个性发展提供广阔的空间。"

历经几年的探索、整合、研发,新营小学形成了如今的七彩和美课程体系,即红色德育、橙色音乐、黄色乡土、绿色体育、丹青美术、蓝色科技、紫色语言。七彩其实就是七大领域,每一彩都对应着国家课程、地方课程和学校自主研发的校本课程,其核心是指向中国学生的核心素养发展。

李鑫还说,红色德育课程被称为"爱的教育",其余课程则被称为"创的教育"。前者培养学生阳光自信、尊重他人、友善互助等品质,后者培养学生在艺术、竞技、科技、人文、生活等方面的创造力。

二、凝聚教学智慧的和美课堂

教师是实施教学的主体,教师的能力决定着课程实施的水平。新营小学致力于建设和谐的教师团队,开展"相约'一三五'""书香星期二""幸福星期四"专业发展系列工程,构筑和美课堂。

学校开展相约"一三五"校本教研,形成了三个专业发展共同体,让每一位教师共享和美教育智慧,促进师生幸福快乐成长:"相约星期一"——班主任工作沙龙,共享和美班级文化以及班级管理金点子;"相约星期三"——青蓝结对互惠共生,即以老带青、以优携优;"相约星期五"——骨干示范持续发展,即名师讲堂、公开教学,骨干教师通过对和美课堂四环节、和美课堂六策略、和美课堂四特色等内容的展示交流,生成和美教学智慧。参与和美课堂的新营小学五年级教师王成坦言自己受益匪浅:"构筑和美课堂,师生一路前行,一路成长。我们在每一堂课上实现心与心的接纳、情与情的交融,感受精神相遇的喜悦,享受心灵成长的幸福。"

三、共享成长喜悦的和美评价

如何让七彩课程、和美课堂从美好的愿景变为生动的现实?新营小学采用"评语＋等级"的多元评价系统,从教师、学生、课程三个方面对学生发展进行多元评价,做到评价取向发展化、评价过程动态化、评价主体多元化、评价方式多样化。

第一,强调基于标准的评价。学校围绕课程标准,引导教师树立"每次评价或检测都是学生建立自信的好时机"的理念,对学生的评价以激励性评价为核心,对语文、数学、英语学科进行"模块性"评价,对音乐、美术、体育、科学、信息技术等学科进行"技能抽测＋基础知识"相结合的评价。为提升综合实践活动能力,学校为三至六年级学生设计印制了《综合实践活动手册》,指导、记录、评价学生的五大板块综合实践活动情况。

第二,强调多维度过程性评价。学校注重对学生的过程性评价,每位教师每节课都要随身携带《和美课堂记录评价手册》,关注学生在学习过程中的讨论、提问、合作等情况。期末的素质报告单中分项呈现评价结果,采用学生自评、同伴评、家长评、教师评相结合的方式。学校每学期都会表彰新营之星、和美少年、各类特长星、进步星、希望之星等,让每一位学生都体验成功的喜悦。

第三,强调展示性评价。除了日常的常规周评,学校通过四大校园文化节为学生搭建展示的舞台,同时评价校本课程的开设成果。学校要求每个学生在四大校园文化节中至少展示一项所学技能,并表彰读书星、才艺星、各类"出彩新营人"等,以鼓励学生在文化节中张扬个性、展示风采。

春日的读书节，是紫色语言类校本课程的展示；夏日的艺术节，是橙色音乐、黄色乡土、丹青美术等艺术类校本课程的舞台；秋日的体育节，自然是绿色体育类校本课程的专场；冬日的科技节，则是蓝色科技类校本课程的呈现。新营小学副校长牟玲说，每个学期末学校组织进行校本课程"结课评价"，通过教师对校本课程的总结、展示等，使校本课程具有仪式感，使学生具有成就感。

学校对教师的评价有过程性教学常规评价、业绩评价和发展性评价，变评价为自我反思、自我教育、自我发展。和美评价，让师生在互动中感受成长的喜悦，汲取思考的力量，看到更美的自己。

"益"起来，"慧"精彩
——日照市新营小学"十三五"规划课题结题报告

日照市新营小学自 2017 年以来，以总课题组课题研究精神为引领，扎实稳步开展益智课题研究，在探索与实践中着力益智课程系统化建设、益智教师专业化发展、益智课堂精致化教学、校园益智文化多样化建设。作为课题主持人，本人在课题研究期间，先后任职于济南路小学、新营小学两所全国首批开展益智器具研究的学校。两所学校在课题研究之初先行先试，于 2014 年承担全国"十二五"益智课堂展示现场会，为全国各地课题开展提供了宝贵的经验。两所学校先后被总课题组授予课题实验示范校和基地校，积极推动课题向系列化、纵深化、区域化发展。随着课题的逐步开展，新营小学 120 个班级、6 800 余名学生、300 余位教师成为课题的参与者和受益者，益智课堂建设成为新营小学教育中一张亮丽的名片。

一、完善课程实施体系，推动益智课程系统化建设

实践证明，学校益智课程的有效实施需要一个完善、科学的实施体系。因此，学校课题组从课程体系建设角度入手，科学规划、系统实施，努力提升益智课程实施品质，让每一个学生尽享益智课堂的阳光。我们立足实际，从课题研究教师团队建设、益智课堂教学用书编写、益智课堂教学模式和策略探究等方面入手，推动益智课程系统化建设。

（一）成立校级课题研究核心团队

学校精选益智课堂教学能手、益智课堂优质课获得者和骨干教师组成课题研究核心团队。成员涵盖老中青各年龄段，涉及语文、数学、科学、英语等多门学科，充分发挥团队优势，全面推动课题研究。同时，我们在继续发挥核心团队成员研究、示范、带动功能的基础上，赋予他们充分自主的指导、管理、评价、考核职能，全方位负责我校课题推进工作。核心团队教师细化分工管理，从益智课题校级培训方案制订及动态管理评价，到益智课堂教学组织与评价，从组建校级智力运动会竞赛种子选手，到相关赛事筹备、训练及带队比赛，均有专人负责。团队成员各司其职、协调并进，为课程扎实、有效的实施发挥了强有力的作用。

（二）精编系列《益智课堂学生活动手册》

学校课题组在已编写的《学生活动手册》基础上，以精品益智课程用书的开发与完善为突破口，立足"益德""益智""益情""益体"四位一体的课程目标，涵盖巧解、巧放、巧推、巧算、巧组、巧拼六大系列，坚持数量与质量并重原则，坚持新编与改编相结合原则，坚持继承与发展相融原则，充分发挥团队优势，编写出《益智课堂学生活动手册》共计 22 份。其中，梁作美老师编写的《智慧翻板学生活动手册》、葛娜老师编写的《独立钻石棋学生活动手册》在总课题的征集评选活动中喜获佳绩。《益智课堂

学生活动手册》的编写，保证了益智课程建设的持久稳定性，为全校教师提供了实实在在的教学范本，使益智课堂落地生根。

（三）创新探究益智课程模式和策略

1. 打造益智课堂教学模式

学校课题组在"活动-探究"一般模式的基础之上，根据《小学生思维素养培养要点》，经过摸索、试炼、提升，最终打造出巧解、巧放、巧推、巧算、巧组、巧拼六大系列的课堂教学模式。在校本课程实施过程中，每四位教师形成一个教学团队，每人透彻研究一款器具，初步形成了"趣—识—试—探—拓—创"六步益智课堂学习模式。学校课题组还打造出起始课、提高课、技能展示课等不同课型，使学生通过试误和自悟，逐渐具备自解自思的能力，促进学生在动手中启迪心智，在玩乐间拓展思维。

2. 创新课程开展形式

为扩大益智课程影响面，推进课程纵深化实施，使更多的学生、教师受益，让器具"转"起来，让课程"活"起来，学校课题组利用每周四的科技活动时间，在全校范围内开展益智器具短课。所有教师都是益智器具导师，所有学生都是益智器具"小玩家"。短课开展的目的在于通过教师带领学生"玩"器具、探究器具，深入研究教法、学法，从而改变学生的思维方式。

二、开展系列活动，促进课题研究不断向纵深发展

（一）加强课题培训

益智课题团队成员围绕益智课堂相关核心理念和《小学生思维素养培养要点》，针对益智课堂教学实践中的易错点和困惑，采取线上和线下相结合的形式，进行通识培训和订单式培训，为我校课题的深入研究提供理论层面的支持和保障。课题组定期组织校级课题培训会，统一思想，传递理念，交流阶段成果，拟订下阶段计划，每一次培训都

是一次思维碰撞,每一次碰撞都增添了推动课程开展的新动力。

(二)创新特色项目

我校积极组织学生参与校级、区级智力运动会,在历届区智力运动会中均取得良好成绩,多位教师获"优秀教练员""优秀裁判员"等荣誉称号。学校将手指操纳入日常教学,利用每天上午第一节课后三分钟,全校齐做手指操。我校手指操团队在区第三届手指操比赛中荣获一等奖。2019年,学校组织益智课堂优质课说课及讲课评选,共有19人参与评选。经过评比,闻梦瑶老师代表学校参加区第三届益智课堂优质课评选活动,并取得了一等奖的好成绩。

(三)加强家校联动

2020年春,新冠肺炎疫情突发,为了确保课题研究的持续开展,课题组依托"国育杯"思维运动会个人单项赛及团体赛比赛活动,成立线上训练小组,每组有2～4位课题研究骨干教师作为器具训练指导教师,定期推出线上益智器具课程微课,组织学生在群内打卡做好日常操作巩固。每个训练组均有近百名学生,有效带动了家长参与器具研究,实现了课程"启迪一个学生,带动一个家庭"的辐射作用。

(四)助力课后服务

为贯彻落实市委、市政府开展课后服务的惠民政策,学校精心设计了丰富多彩的"作业辅导+"课后服务,益智课程为课后服务增添了无限智趣。

(五)营建益智文化

学校精心打造益智器具训练室文化。学校紧跟总课题组器具研究步伐,每年添置新研发器具,器具总量由原来的1 000余件增加到目前涵盖六大系列、80余款、近3 000件,益智器具训练室随之提质升档,由原来70平方米改建为100平方米。益智器具课程成为学校"慧创谷"空间，成为影响力大、美誉度和参与度高的品质课程。学校将益智课程校园文化发展历程及成果拍摄成了微电影广泛宣传，扩大了本校益智课程校园文化的社会影响力。

三、多元化、科学化评价，保障课题研究长效健康发展

为激发师生课程学习的积极性与主动性，让益智文化融入师生的日常生活和学习中，学校课题组尝试建立科学、有效的益智课程评价系统：课题实施"动态管理评价体系"，涵盖教师培训考勤、日常课程开展情况、课题研究资料整理编撰、各级各类比赛参与情况、学期及年度课题总结等，课程实施点、线、面全方位考核，将学生益智课程参与情况纳入学生学期综合素质考评"校本课程"项目。多元化、科学化的评价体系，保障了学校课题研究长效健康发展。

目前，学校益智课题组还需要建设门类清晰、科学规范、体系完备的益智资源库，及时记录益智教育带给教师、学生、家长、学校的改变和成长，收集相关数据，分析益智教育对师生、学校、家庭乃至社会的长远影响。

"益"起来，"慧"精彩，新营小学益智课题研究已经取得阶段性的成果。我们期盼学校在益智课程文化的引领下取得新发展，教师在益智课题研究中实现自我发展新突破，学生在益智课程参与中收获新成长！

陶行知教育思想对新时代小学
教育改革的启发

伴随着当前国内教育改革的发展，小学教育作为义务教育中的重要组成部分，必须进行改革与调整。小学作为提升学生综合素质的重要学段，会影响到学生未来的成长，所以小学教育改革受到社会的广泛关注。陶行知是国内非常著名的教育家，其教育思想对我国教育的发展具有重要的参考价值。在当前的时代背景下，基于陶行知教育思想推动小学教育改革，可以产生较为理想的效果，提高素质教育的教学水平。

一、陶行知教育思想的内涵

陶行知对我国教育事业的发展具有重要的奠基作用。陶行知教育思想强调生活是学生学习和教育事业发展的源泉，任何一种创作和教学，都应当与生活联系起来，通过生活的方式让学生理解知识点。如在小学教学实践中，教师应当严格遵循着陶行知教育思想的指导，将相关知识点与学生的生活联系起来，构建一些具有较强生活气息的教学情境，让学生在教学的过程中感受生活，并利用自身的生活经历，对相关的知识点产生更加深刻的理解，提高学生参与课堂教学的积极性和主动性。

陶行知教育思想对小学教育改革具有重要的意义，通过借鉴陶行知教育思想，小学教育改革可以更加深刻地理解学生在学习中的认知过程。陶行知教育思想指出，教育作为一种循序渐进的活动，要求教师合理地引导学生学习。教师在讲完相关的新知识以后，要帮助学生正确认识相关知识点。在学生对知识点产生了深刻认识以后，再引导学生进行深层次思考。教师不应当为了完成任务而生硬地灌输教学，而是要合理地控制好教学进度、协调好教学内容，确保学生能够多接触知识点，在不断地思考和联系中对知识点产生更加深刻的理解。另外，在当前的教学实践中，教师还要充分把握住教学的重点以及难点，利用引导的方式启发学生。教师的意义和价值不仅仅是传授相关的知识，还需要让学生掌握解决问题的办法，从而实现教与学的统一。

陶行知教育思想强调对学生进行因材施教，陶行知认为，因材施教的本质就是针对学生的实际情况为其提供相应的教学服务。学生就如同树苗和花朵，需要合适的光照、水分等才能够健康成长。伴随着我国经济社会的快速发展，一些创新性的教育方法与教育理念不断涌现，各种新技术的应用推动了教育事业的发展，教育也因此可以接收到更多的信息。但是不管采用哪种教育形式，教师都应当关注学生的基础是否牢靠，根据陶行知教育思想的指导，从因材施教的角度出发为学生的学习与发展提供指导。在具体的实践过程中，教师还需要加强和其他教师的交流与互动，不断提升教学的质量与效率。

在小学教育改革的过程中，教学合一是十分必要的。陶行知教育思想指出教学合一的本质是教师应当从教育事业的发展出发，明确自身的责任心以及进取心，增强自身的教学能力以及综合素养。在当前的时代背景下，教师需要不断优化和提升自身教学能力，只有这样才能够为学生提供更加良好的教学服务。此外，陶行知的相关理论还要求教师从教学实践中分析学生学习的需求，并以此为核心探索教学模式。学生是教学活动的主体，不管是陶行知教育思想还是小学教育改革，都必须围绕着学生的成长。所以在进行小学教育改革的过程中，基于陶行知教育思想的指导，教师既要提升自身教学的水平，也要将学生作为核心，拓展教学活动，给学生传递相关知识、思想与道理，让学生大胆地突破思维，摆脱负担，拥有更多的思考时间与更广阔的思考空间。

小学教育改革要求开放式教育，陶行知教育思想也同样包含开放式教育思想。在实际教学的过程中，教师需要尝试开放式教育，让学生拥有更加广阔的空间进行学习和探索，引导学生之间建立紧密的交流关系。教师在完成课堂教学以后，可以为学生提供课堂上的交流时间，让学生主动分享自身的想法与观点，使学生在自由和自主的空间中主动展现自己。学生只有自主地探讨了问题以后，才能够对相关的知识点产生更加深刻的理解。

二、陶行知教育思想对当前小学教育改革的启发

（一）利用陶行知教育思想推动小学教育进行素质教育改革

在陶行知教育思想中，可以看到大量素质教育的思想与理念。素质教育的模式是基于学生长期发展和社会发展的实际要求的，所以素质教育在当前的小学教育改革中应当占据更加重要的位置，小学教育改革应当以提升学生的全面素质为核心，激发学生的学习积极性，让学生能够全面自主地参与到特色教育中。

陶行知强调以生活为中心的教育，这一点与素质教育具有很强的关联性。但是当前国内的小学教育普遍具有封闭性，其教学的内容以及知识往往是以书本为核心的，教育的场所往往安排在校内。一些地区将升学率作为小学教育质量排名的标准，部分学校也将学生的成绩作为判断教师水平的标准，这往往会对学生的创造力造成一定的负面影响，也不利于学生的全面发展，素质教育无法得到有效的落实。

理解陶行知教育思想，有助于正确认识小学教育改革中素质教育与应试教育之间的关系。目前，许多教师认为考试制度会影响素质教育的实施，以考试为借口在课堂上只教课本知识，提升学生的应试水平，这种应试思想对学生的学习以及成长造成了较大的影响，且对素质教育的发展产生了阻碍。我们要认识到，素质教育和应试教育两者之间并非对立的关系，而是能够有效统一的关系。从当前的小学教育改革来看，素质教育的最终成果都可以利用考试检验。我们应当充分利用陶行知教育思想推动小学教育改革与发展，客观地找到应试教育与素质教育之间的衔接点，基于素质教育开展教学活动。

（二）利用陶行知思想降低学生的作业负担

目前，许多学生的作业负担非常重，每天都在忙着接受知识和写作业，并没有多少自我消化和独立思考的机会。体育活动和实践活动的时间很少，影响了学生全面素质的提升以及身心发展。教育管理部门和学校需要将降低学生的作业负担作为重要工作，并明确认识到教师的教学方法以及教学手段是影响学生学习效果的主要因素，为学生留下

时间来自主动手和思考，确保学生能够积极健康地成长。教育管理部门需要合理调整课程设置内容，并优化课程设计的难度，改变当前学校的考核方法，构建出评估学生负担的标准评估方法，帮助学生减负。

陶行知教育思想对学生的成长具有重要的意义。陶行知教育思想明确指出，应当为学生提供接触生活和接触社会的机会，只有接触到了社会上的各种元素以后，学生才能够产生自己的思想，并且在这种思想的引导下提高自身的学习能力，为自身的成长提供更加广阔的空间。从陶行知教育思想的角度来看，学生的作业过多必然会导致其无法健康成长，也很难满足学生素质教育的要求。在陶行知教育思想的实践过程中，我们需要根据实际情况进行合理的调整与优化。当前，越来越多的学校认识到陶行知教育思想的重要性，并且积极地在学校管理以及教学管理中引入陶行知教育思想。提高自身的教学水平，降低学生的作业负担，这一点对当前的学生具有一定的影响。小学教育改革要充分利用陶行知教育思想，从学生的实际情况出发，对教师的教学活动进行严格的管控。学校可以为教师提供培训，让教师转换自身的教学方法、优化自身的教育理念，找到适合小学教育改革的具体实践方法，提高教学效果。

总而言之，陶行知教育思想作为一种源自群众生活并应用到群众中的教育理念，具有中国特色，强调生活与教育之间的衔接与结合，社会与学校之间的联系，学生知行合一的实践等，对当前国内的教育改革具有重要影响。在小学教育改革的实践过程中，我们应当积极地利用陶行知教育思想对改革进行理论指导，并明确小学教育改革的目标，构建出相应的课程体系，从而推动小学教育改革的发展，为小学教育提供更加全面和完善的教育服务。

牢记使命守初心，立足岗位埋头干

——日照市庆祝教师节表彰大会发言稿（2020）

我是一名从一线教育教学岗位成长起来的教育工作者，能够参加今天的全市庆祝教师节表彰大会，心情无比激动。从乡镇中学的普通教师到优秀教师，从农村小学校长到城区重点小学校长，我第一次参加这样的盛会，见证了市政府以及区委区政府对教育优先发展的高度重视。

可以说，在 28 年从教经历中，我取得的任何成就都离不开各级政府对教育的关心重视。我是东港教育优先发展、全教育优先发展的见证者、实践者、受益者。此时此刻，面对各位领导和同人，回顾自己的成长历程，我心中的感恩、感动、感激、感慨难以言表。在此，请允许我向长期关心我成长的领导和同人，向长期支持教育发展的社会各界朋友们，表示由衷的感谢！

作为一名小学校长，回顾自己的成长历程，反思我的教育实践，我有以下体会：

一、师德为先，心中装着学生才会不断成长

1992 年 8 月，我从师范学校毕业，怀揣着最朴素的教育理想来到了家乡三庄镇的一所初中任教。一开始我就担任毕业班的语文教学工作，并兼任两个毕业班的班主任，这对一名刚刚毕业的青年教师来说是个挑战。我知道，教育是唤醒，是心灵与心灵的沟通，教师只有以良好的品德感召学生、激励学生，才会激发学生的学习动力；只有把学生的终身发展当成自己的责任，才会无怨无悔地奉献、创新、实践。

于是我借鉴先进的育人理念，实施以学生为主体的班级自主化管理，推行励志教育，以中考目标召唤每一位学生，让学生用自己的力量成长，每天清晨和语文课前都举行宣誓仪式。在日常管理中，我平等对待每一位学生，从生活关怀、学业指导，到心理疏导、

品德陶冶，让每一位学生都对未来充满信心。结果，我的两个毕业班在中考都取得了优异成绩，这对我来说是一个巨大的鼓舞。

我认为，作为一线教师，始终能够自觉做到师德为先，心中装着责任，是"优秀教师"和"一般教师"的区别所在，也是教师能够实现不断成长的关键所在。回想当年，我把坚持师德为先的理念，时刻装在心中，才能在日常的教学中排除干扰、不断超越，才会不自卑、不自负、不浮躁、不倦怠、永不满足，永远学习，永远思考，永远前进。我想，一位教师的专业成长层次不在于他教了多少年书，而在于他是否始终坚持师德为先的理念，能否为学生的终身发展负责。

二、奉献为荣，心中明确目标岗位才会创造奇迹

2009 年，我担任三庄镇中心小学的校长。当我满怀激动地走进这所学校时，感觉震惊和心痛：土墙茅顶，墙梁开裂，窗破门残，竟和 20 年前没有两样！记忆里实验室坑坑洼洼的课桌、斑驳锈迹的篮球架颓败不堪。心底一股热流直往上涌：我一定要在三年之内让这所学校焕然一新！在第一次教职工大会上，我就这样立下了军令状。但我深知，对于农村学校校长来说，筹措资金是一件十分困难的事情，但办法总比困难多，为了实现目标，我要试一试、拼一拼。我开始广泛联系，想方设法争引资金，那段时间真是跑断了腿、磨破了嘴。最终，我筹措到了 1 500 多万元的资金。就这样，我夜以继日、殚精竭虑、无私奉献，终于把心中的蓝图变成了现实，身后的教学楼渐渐耸立起来。看着孩子们在宽敞明亮的教室里上课，我内心无限欣慰。我每天都会在下班后到校园走一走、看一看。我感觉作为一名校长，要有奉献精神，要有岗位意识，要有担当情怀，才能不辱使命，不辜负各级领导的关怀，才能不断创造奇迹。

三、不断超越，心中坚持创新才会再立新功

2010年，经过东港区第一次校长遴选，我被选聘为济南路小学的校长。当时，我的压力很大。建设一所学校的硬件容易，打造一所学校的文化内涵很难。当时，我们提出了"润心教育"办学思想，坚持以文化立教，走内涵发展之路。目标确定后，靠着脚踏实地、一步一个脚印，通过加强精细化管理，学校营造了"润心无痕，花开有声"的育人环境。

2017年，我被任命为日照市新营小学校长。这是主城区的重点示范学校，是全市小学的窗口学校，我必须站在全区甚至全市教育新标杆的位置，重新审视自己的岗位责任。我不断地思考：新营小学的教育理念"和美"，如何在教育教学中得到充分落实；如何进一步弘扬"和美"文化理念；如何增强每一位教师的教育幸福感；如何培养适应新时代要求的学生；学校未来的发展应该如何规划。

带着这样的使命意识，新营小学率先在全市开展"百名教师访千家活动"。我认为，家访这种面对面带来的交流、理解和宽容，是其他任何形式都不能替代的。在每年寒暑假或工作之余，我都会抽出时间组织全体教干教师参与到家访活动中，倾听家长最真实的声音，记录学校教育教学中的不足之处，诚恳解答家长的疑惑。几年的家访活动下来，我获益匪浅。连续三年，新营小学的行风评议位居全区第一，这是对全体新营人的认可。

2019年，在东港区政府的支持下，新营小学开启集团化办学之路，探索全区教育均衡化发展新路径。新营小学即刻开启"一体两翼"协同发展办学模式，实行执行校长负责制，细化管理体系。一年来，我往返于三个校区办公，了解每个校区的教育教学、人员管理，尤其关注西校区的建设，切实提高西校区办学水平，努力办好优质均衡的教育。学校积极响应市、区教育的战略决策，回应民生问题，针对课后服务第一时间开展家长调研、制定方案、落实举措，为所有家长解决学生接送难、辅导作业乏力的困难，做真正有爱有温度的教育。为满足周边社区居民体育健身需要，我校依托现有体育资源，积极创造条件，加大宣传力度，将学校田径场、篮球场、排球场及健身设施全部对

外开放，便利了人民群众，促进了社区和谐健康，也扩大了学校的文化教育辐射范围。阳光分班也做到了公正透明，社会反响非常好。一年来，各校区协同发展，力量渐强，成为全市基础教育的标杆，新营品牌更加响亮。每每看到学生脸上洋溢的微笑、教师身上散发的热情，我深深感受到和美新营的无限魅力。

四、勿忘感恩，心中牢记责任才不辱使命

回首自己成长的经历，我无限感激一路帮我成长的各级领导和同人。作为一名校长，我由衷感谢市委、市政府和区委、区政府对教育的一贯重视，感激市、区教育局领导对学校的大力支持。今年以来，突如其来的疫情使教育遇到了各种前所未有的挑战，但是市、区两级党委和政府对教育的投入不但没有减少，还比以往任何时候更大。在抗击疫情的战斗中，市委张书记以及市政府领导多次亲临学校视察调研，区委王书记以及区政府领导更是频繁到各个学校指导工作。市委张书记的每一次关于"教育要坚持优先发展，坚持以培养合格的社会主义接班人为根本目标，要为全市人民交出一份满意的答卷"的谈话，对广大教师、对我们所有校长都是巨大的鼓舞；东港区委王书记对教育的每一次考察和指示，对我们的工作都是巨大的推动。

作为一名校长，我见证了今年以来市委、市政府对教育的重视程度，区委、区政府对教育的关心力度都是前所未有的。我看到了让教育得到优先发展、让教师得到全社会尊重、让人民享受满意的优质教育、让每一位学生健康成长的理想正在成为现实。在此，请允许我代表所有的教师，代表所有的校长，向在座的各位领导，向全市人民表示衷心的感谢！

请各级领导放心，我们一定会怀着感恩之心，牢记使命，扎扎实实做好教育，向各级领导和全市人民，交一份合格的答卷！

以文化人构建和美校园
——新营小学校园文化现场会

文化是一所学校的灵魂，是学校发展的"软实力"。新营小学以和美文化为引领，着力建设了精神文化、环境文化、管理文化、教师文化、学生文化五个层面的文化。

一、精神文化建设——营造和美共生"文化园"

新营小学的和美文化既有深厚的历史渊源，又有鲜活的时代气息。"礼之用，和为贵，先王之道，斯为美"，教育先圣孔子对"和"与"美"的解读，给予了新营"和美"理念厚实的历史底蕴；"君子和而不同"，促成了新营和美文化中的多样性与协调性；"各美其美，美人之美，美美与共，天下大同"，费孝通先生对"美"的诠释，丰富了新营"和美"理念的深刻内涵。一代代新营人不忘初心，把"爱与责任"深深印在教书育人的词典中，营造了一个和美共生的文化磁场，形成了独具特色的新营文化。

二、环境文化建设——创设和谐优美"生态园"

学校文化不仅是凝结在师生心中的精神文化，更是流动在校园内的环境文化。"一草一木皆有情，一砖一瓦俱启智"，新营小学从学生的视角扮靓校园，从教育启迪的角度设计校园，打造了一处快乐学习、美化人格的灵动空间。这些无声的教育资源，让师生在耳濡目染中接受着熏陶，有着春风化雨般的浸润作用。

三、管理文化建设——构建以人为本"同心圆"

和美是一种以和衷共济、内和外顺、协调发展为核心的素质教育理念,是学校、社会、家庭和谐发展的教育合力。

以学生为圆心的"圆文化"管理思想是学校和美管理文化的人本体现。新营小学好比一个同心圆,圆心是学生,外围是教师,最外围是学校领导。学校将"同心圆"管理文化拓宽,构建横到边、纵到底的网格化、扁平式管理模式;确立"一体两翼、体强翼壮、协同发展"的学校管理新思路,坚持"一个办学理念、一套领导班子、一支教师队伍"的原则,促进一体化办学向纵深发展。在校本部的带动辐射下,东、西两校区的办学品质不断提升,办学规模不断扩大,社会认可度日益升高。新营教育集团"三驾马车并驾齐驱"的发展目标,正在扎实稳健的步伐中逐渐实现。

四、教师文化建设——构筑美美与共"幸福园"

"和合"是一种哲学精神,是凝聚新营小学教师文化的核心。"君子和而不同",新营小学深入开展教师文化多样性与协调性的探究,实现教师文化上的"融合统一";坚持三校区统一教师管理、统一师资调配、统一教师培养,实现教师团队"荣和"的攀升式发展。

(一)成立名校长工作室——聚和美之力

以"李洪江名校长工作室"为平台,学校先后与三庄镇中心小学、南湖镇中心小学联合办学,互派教师跟岗交流,为教育均衡发展助力,还与五莲县部分学校结对交流,与新疆麦盖提第六小学结对共建,为其提供教育援助,为教育脱贫贡献力量。

（二）建立教师分层培养新模式——塑和美之魂

学校坚持依托"青蓝工程"及"镜面示范"培训资源库建设，做好"135"青年教师培养工程（即青年教师一年站稳脚跟，三年成为骨干，五年成为名师）；依托学校"郭长青名师工作室""赵庆芳名师工作室"做好骨干名师培养工程，铸就新营"和美教师"靓丽品牌。学校荣获首届全国文明校园、全国教研工作先进单位、山东省规范化学校、山东省师德建设先进集体等70多项国家、省市级荣誉称号。

（三）构筑教师发展国际平台——扬和美之风

2018年6月，学校艺术团赴德国参与第十五届世界儿童戏剧节；同年9月，中德基础教育对话暨名师名校长高端论坛在新营小学隆重举行。2019年，青年教师刘卫妮赴印度尼西亚支教一年，以优异表现荣获统战部表彰。在国际互动与交流中，学校的活力进一步增强，和美之风得以传扬。

（四）建设科研型、创新型教师团队——固和美之本

学校全力打造"科研兴校"的氛围，依托国家、省、市级课题，将科研与教研有机整合，培养一支好研究、勤反思、重实效的科研型教师队伍。近年来，教师获得区级以上荣誉50人次，学生每年获区级以上奖200人次，学校连续三年在全区教育工作督导中名列前茅，真正做到了每学年有成果、有实效、促发展、提质量。

五、学生文化建设——培植各美其美"百花园"

新营小学培育各美其美、全面发展的和美少年，主要依托七彩课程体系，呵护每一个生命的个性成长，让学校成为各美其美的百花园。

（一）七彩课程体系——绘就七彩和美阳光

课程是学校文化的主要载体，学校依托"传统六艺"开发七彩和美课程，营造了各美其美的百花园——红色德育、橙色音乐、黄色乡土、绿色体育、丹青美术、蓝色科技、紫色语言，七大领域绘就七色彩虹，点亮学生的七彩童心，也成就学生的七彩生活。

"创客课程"作为学校特色课程实施以来成效显著。"普及＋提高"相结合的创客教育新模式，让学生勇于实践，激发学生的创新意识，使学生收获满满。近百位学生在各级各类大赛中获奖，如2018年有两位学生荣获山东省青少年科技创新大赛一等奖，其中孟星宇同学受邀参加了在澳门举办的全国青少年科技创新大赛，获得银奖。学校创客教师团队被评为山东省领航教研组，学校被评为2020全国创新行动计划种子学校。

（二）成长仪式课程——擦亮和美每一天

学校抓住学生成长的重要节点，开发实施"成长仪式课程"——"开启和美之门"入学礼、"红领巾的梦想"入队礼、"追逐梦想自信自立"成长礼、"告别童年感恩立志"成童礼，使学生的成长与一个又一个隆重的庆典、一场又一场庄重的仪式相关联。

（三）缤纷节日课程——播下和美的种子

学校连续举办十四届的读书节、艺术节、体育节、科技节四大校园文化节，如七彩的丝线编织着学生美好的童年。每个学生在四大校园文化节中至少展示一项所学技能，学校表彰读书星、才艺星、健身星、科技星、"出彩新营人"等，鼓励学生张扬个性。

（四）多彩活动课程——做和美的践行者

学校开展"红领巾五小创建"活动、"我们的节日"主题活动、"走出校园"社会实践活动等丰富的活动课程，引领学生感悟、体验、明理、践行。

在新营，和美已然成为一种印记，融入学校工作的方方面面。学校率先在全市开展"百名教师访千家活动"，架起家校沟通的桥梁；创新开展课后延时服务，学生参与率高达96%，解决家长后顾之忧，彰显教育温度；创造条件开放体育场地及健身设施，满足周边居民及青少年体育健身需要，彰显教育的社会担当。

团结务实的新营人，用执着坚守和美文化的灵魂，用行动穿越生命成长的历程，追寻和美的教育人生。

为了那片成长的阳光

——在山东省精神文明建设表彰大会上的发言（2020）

我叫李洪江，来自山东日照，现任日照市新营小学校长。今天能作为全省未成年人教育先进代表上台发言，我感到非常荣幸。

2017年11月，日照市新营小学获评首届全国文明校园。2019年7月，为促进教育均衡发展，新营小学成立教育集团，目前有三个校区和一个附属幼儿园，现有学生7 174名，辐射东西城区的许多家庭。办好人民满意的教育就是造福日照这片热土。未成年人的健康成长不仅关系到每个家庭的明天，更关乎整个民族和国家的未来。每每站立在学校门口，看着孩子们走入校园，那一双双眼睛点亮了我心中的责任。我们的教育就是播撒阳光。

一、立德树人，德育课程体系化，筑牢孩子精神基石

德育是课程，是融于学校教育的春风细雨。在每周的升旗仪式上，我们会以"一分钟礼仪课程"为序曲，引导学生知礼、学礼、行礼。一朵朵大红花、一枚枚文明小标兵奖章激励孩子们践行文明礼仪，做和美少年。每学期，每个孩子都有一本和美存折，上面存放着各自的和美奖章，也储蓄着每个孩子的好习惯。每周，教师都会根据上周总结分发和美奖章。每隔一段时间，教师就会带着孩子们去"和美银行兑兑家"领取奖励。可以说，"和美银行兑兑家"见证了孩子们的成长。

我们深知，孩子的成长需要仪式感。我校的四大成长仪式课程——入学礼、入队礼、成长礼、成童礼，注重精神引领，擦亮每一个生命节点。在内容设置上，学校注重精选性，体现序列化，选取孩子成长历程中的四个重要节点，针对不同年龄段孩子的心理特点及成长需求，以"梦想""心愿"为主线，分层次、序列化引导孩子努力追逐梦想，最终实现梦想。

扣好人生第一粒扣子、传承红色基因、学雷锋志愿服务……一系列德育课程如阳光雨露，浸润孩子们的精神底色。

二、共研共享，育人途径多样化，引领孩子逐梦成长

学校立足课程，坚持全面育人、全科育人。学校坚持把立德树人作为根本任务，立足学校传统、实际状况，根据学生未来发展需要的关键能力和核心素养，构建了国家课程校本化的主题课程、普及类特色课程、丰富多彩的校本课程三类一体的学校七彩课程体系。孩子们在主题节日课程中感受中国传统文化的厚重与深情，在主题实践活动中磨炼意志、强健体魄、丰盈思想，在四大校园文化节中登上舞台各展其长、自信飞扬。学校优化环境育人空间，为孩子们创设和谐优美的生态园；突出阵地建设、活动开展，为孩子们打造幸福成长的百花园。校内育人途径的优化是七彩阳光，扮靓孩子们的七彩童

年。新营学子在各级各类比赛中崭露头角，未来可期。

三、"三位一体"，结合教育资源，助力孩子和美阳光

家庭、社会在未成年人思想道德建设中起着十分重要的作用，学校、家庭、社会"三位一体"，教育合力彰显魅力。近三年来，我们利用节假日不间断地开展了"百名教师访千家"活动，实现了全员家访、家校共育。

学校积极响应民生，做有温度的教育。以"作业辅导＋"模式为主的课后延时服务整合学校的特色课程，保证孩子们在完成作业的基础上，通过活动提高素养，满足孩子及家长的需求，成为家校协同育人的诠释。而家长志愿者的参与让我们的服务内容更加多元、资源更加丰富。

我校的社区教育"1351 工程"充分发挥社区教育在未成年人思想道德建设工作中的重要作用，形成以学校为主导，以活动为载体，以社区为主要活动阵地，以实践教育、管理教育、养成教育为主线的模式。2019 年，"新营社区教育模式"荣获山东省优秀社区教育评选二等奖。

学校积极与社会教育资源紧密结合，凸显教育的实践性。"走进城市规划馆""污水处理大讨论"等校外实践活动引导学生关注生活、关注社会，增强实践能力，驻龙山等三处红领巾校外实践基地为学生提供更广阔的成长空间。

党的十九届五中全会提出了建设高质量教育体系的明确要求。我们要努力办好人民满意的教育，为"十四五"经济社会发展提供支撑。全面落实立德树人根本任务是我们的工作，是教育的使命。我们会以这次表彰为新的起点，认真学习贯彻党的十九届五中全会精神，以习近平新时代中国特色社会主义思想为指导，更加努力地投入未成年人思想道德建设中，积极培养担当民族复兴大任的时代新人，为办好人民满意教育做出新的更大的贡献。

日照市新营小学党总支事迹材料（2021）

日照市新营小学创建于 1997 年 8 月，目前共有 122 个教学班，近 6 000 名学生，在职在编教职工 251 人。新营小学党总支下设 4 个党支部，现有党员 107 名。近年来，学校党总支秉承"和美"育人理念，深入开展"五好支部·和美先锋"党建品牌建设，把"爱与责任"深深印在教书育人的词典中，建设起一支党性意识强、创新精神强、教学技艺精湛、师德品格高尚的党员教师队伍，有力地提升了教学质量，促进了学校高质量发展。

一、抓班子、强队伍，锻造"和美先锋"

学校以党建融合工程为平台，坚持将党建与教师发展、学生发展相融合，与学科发展、学校发展相融合，与科研创新、服务社会相融合，构建"党建＋育人"大格局。

一是建设规范化"五好党支部"。学校以树立新时代党员"和美先锋"为目标，实施"党建＋师德师风建设""党建＋教育教学工作""党建＋少先队工作"等系列工程，全面创建支部班子好、党员管理好、组织生活好、制度落实好、作用发挥好的"五好党支部"，评选优秀共产党员 20 名，充分激发党建活力。

二是争创"七大岗位先锋"。全体党员教师时刻秉承"一名党员一面旗帜、一个岗位一份责任"的理念，争当学校未来发展引领者、代表者、实践者。学校推动全体党员教师积极建岗立功，争创团队建设先锋、班级管理先锋、家校共建先锋、课后服务先锋、艺体教育先锋、后勤保障先锋以及教科研先锋，全力打造"和美先锋"五好党支部。

三是筑牢教师队伍建设。学校依托"以党带团""以党带群""以党带干"，加强干部队伍建设，以"尊重教师、依靠教师、服务教师、成就教师"为教师团队建设宗旨，从"和于心、美于行、成于思"三个维度，创新性开展教师专业发展系列工程，打造了一支高素质、专业化、创新型教师队伍。学校还成立"李洪江名校长工作室""郭长青名师工作室",依托"青蓝工程"及"镜面示范"培训资源库建设,与日照市三庄镇中心小学、南湖镇中心小学联合办学,互派教师跟岗交流,为教育均衡发展助力,并与新疆麦盖提第六小学结对共建,为其提供教育援助,为教育脱贫贡献力量。

二、抓教学、强素质,建设"和美乐园"

长期以来,学校牢记为党育人、为国育才使命,以高质量党建引领推动学校事业高质量发展,筑好党建"真堡垒",当好育人"领路人"。

一是以爱致和,创新七彩课程。新营小学依托礼、乐、射、御、书、数"六艺"创新开发七彩和美课程,营造了一座和美共生的百花园——红色德育、橙色音乐、黄色乡土、绿色体育、丹青美术、蓝色科技、紫色语言,每一彩、每一个领域都对应着国家课程、地方课程和学校自主研发的校本课程,成就孩子们的七彩生活。比如,紫色语言课程就包括国家课程语文、英语,地方课程传统文化,和学校自行研发的儿童话剧、吟诵、故事会、绘本阅读、日照名人、我爱朗诵、童谣、趣味猜谜等系列课程,全部指向中国学生核心素养发展,深受社会各界认可。

二是和乐美雅,打造和美课堂。新营小学组织开发实施"成长仪式课程"体系,即"开启和美之门"入学礼、"红领巾的梦想"入队礼、"追逐梦想 自信自立"成长礼、"告别童年 感恩立志"成童礼,每年举办读书节、艺术节、体育节、科技节四大校园文化节,孩子们在节日中张扬个性,展现才华,收获成长;积极开展红领巾小健将、小百灵、小书虫、小创客、小主人"五小"活动,为学生提供社会实践机会;开展相约"一三五"、"书香星期二"、"幸福星期四"等专业发展系列工程,促进教师和谐健康发展,构筑和美课堂。

三是因创而美,建立教育品牌。学校创建"1351工程"社区教育品牌,即1所学校辐射3个社区,带动5 000个家庭,影响一片区域,成为全省社区教育的典型。学校自 2019 年开启集团化办学，下设三个校区和一个附属幼儿园，各校区统筹师资调配、共享教研成果、齐头并进发展，推动"和美"优质教育资源惠及近万个家庭。新营教育品牌广受日照市民欢迎，成为全市解决基础教育资源均衡化、普及化问题的样板。学校组织赴德国参与世界儿童戏剧节、承办中德基础教育对话暨名师名校长高端论坛等活动，进一步打响了新营"和美教育"品牌。

三、抓服务、惠民生，共享"和美文化"

新营小学积极落实市委为民办实事工作要求，以提高学校服务质量、解决家长后顾之忧为重点，实施惠民三大服务。

一是提供"点对点"走访服务。新营小学率先在全市开展"百名教师访千家活动"，架起家校沟通桥，倾听教育最真实的声音。每位党员教师结对帮扶一名学习困难学生，为其提供学习和生活方面的帮助，进一步密切学校、家庭、社会"三位一体"关系，凝聚教育合力。

二是创新"课后延时＋中午配餐"服务。新营小学开启"作业辅导＋"模式，组织丰富多彩的文体和社团活动，学生参与率高达 96%，形成了教师全员参与、党员先锋岗接力服务的良好氛围，解决了家长的后顾之忧。日照市中小学校课后延时服务工作得到了王沪宁同志的批示肯定。从 2021 年春季开学，新营小学进一步优化课后延时服务，探索实施学生中午配餐服务，解决家长们的后顾之忧，保障学生身体健康成长。

三是开展"开放＋共享"惠民服务。新营小学坚持共享、惠民理念，将学校的体育场地及健身设施配套升级后全部对外开放，满足周边居民及青少年体育健身需要，彰显教育的社会担当。新营小学组织党员教师进社区开展普法宣传、社区植树、垃圾分类宣传、社区疫情防控等丰富多彩的惠民活动，受到社区居民好评。新营小学还组织"走进城市规划馆""污水处理大讨论"等校外实践活动，引导学生关注生活、关注社会，增强实践能力，让学生的生活充满和美阳光，不断积蓄成长的力量。

聚力教师队伍建设，提升学校"软实力"

新营小学于 1997 年建校，在和美文化理念的滋养下，从一所仅有 23 名教职工的学校成长为一座拥有三个校区和一个附属幼儿园、468 名教职工、8 143 名学生的集团化和美校园。学校荣获首届全国文明校园、全国教研工作先进单位、山东省课程示范基地等 70 多项国家、省市级荣誉称号。

教师是学校蓬勃之基，是教育兴盛之源。在教师队伍建设上，学校以"尊重教师、依靠教师、服务教师、成就教师"的管理理念，提升学校和美教育"软实力"，打造了一支学生喜欢、家长满意、社会认可的和美教师团队。

一、尊重教师，做教师的同路人

在教师队伍建设中，我校始终坚持把"尊重"摆在首位，让每位教师由衷地感到"受器重、得赏识"，意识到他们是学校重要的一员，每个人都不可或缺。

（一）坚持党建引领，推进师德师风建设

我校以"和美先锋"党建品牌建设为统领，以"党建＋师德师风建设"为具体工作模式，推进教师不断加强师德修养。坚持将师德师风作为教师评价考核第一标准，以严格的制度规定和日常的教育督导确保师德师风建设落到实处；组织广大教师定期学习有关教育法律法规，提升教师法律意识和职业道德素养；强化无私奉献精神，组织党员教师开展结对帮扶学习困难的学生、课后延时服务、志愿服务进社区等活动。

（二）注重人文关怀，营造尊师重教氛围

学校坚持正向激励，因地制宜开展多种形式的尊师活动，利用学校主题活动、微信

公众号、社会媒体等多种方式,大力宣传教师爱岗敬业、无私奉献的感人事迹,引导学生、家长、社会共同尊重、理解、赏识、爱护教师。以尊重唤醒教师强烈的主人翁意识,形成一股极强的凝聚力和向心力。

二、依靠教师,做教师的知心人

今天的学生就是未来实现中华民族伟大复兴中国梦的主力军,广大教师就是打造这支中华民族"梦之队"的筑梦人。作为校长,我要以师为本、以生为本,做新营"和美梦之队"的领头人,做新营教师勤学善思、严谨务实、开拓创新的知心人。

(一)"和"生"合"力,教师发展铸造新营品牌

新营小学拥有强大的和美文化磁场,催生了新营教师坚定的文化自信。成立教育集团后,我校实施"和合—融合—荣和"的进阶式教师队伍文化建设策略,力求实现三校区教师"一支队伍",群策群力、和谐共治、互生共荣。

学校实行"同心圆"管理模式,通过构建横到边、纵到底的网格化管理模式,确立了"一体两翼、体强翼壮、协同发展"的学校管理新思路,明确了"三驾马车并驾齐驱"的集团发展目标,形成了影响广泛的新营品牌辐射效应。

(二)知人善任,"四创新四确保"激活用人机制

学校在中层干部选拔任用上做到知人善任、量才而用、因材施用,推行"四创新四确保",增强了干部教师队伍的凝聚力、战斗力,使学校发展呈现出崭新局面。近几年,学校中层管理团队中的年轻干部成长迅速,他们敢拼敢闯、有责任、有担当、业务能力精湛、做事兢兢业业,都能够独当一面。

（三）问计于师，学校发展凝聚教师智慧

学校的各项决策都能够做到"问计于师"。教师有想法，我们就一起想办法，也一定能有办法。学校通过教职工代表大会，赋予教师行使民主管理的权利。

以今年教代会为例，会议征集了 45 条来自一线的教职工意见，形成 14 条提案并全部通过。其中绩效考核实施方案历时两个多月、反复修订 20 余次才定稿。结合教师提议新设"特殊贡献奖"，改革绩效工资评定方式，由原来的按等级制评定改为按实际得分评定，充分体现"多劳多得""优绩优酬"的分配原则。

自下而上的决策制定疏通了沟通的渠道，减少了矛盾发生，为学校制度推行奠定了雄厚的群众基础，推动了学校的良性、持续发展。

三、服务教师，做教师的护航人

在学校管理中，我们注重强化服务意识，坚持以人为本，把服务管理渗透到工作的各个环节，最大限度地提升教师幸福指数，使教育资源得到最优配置，进而获得最佳的管理效益。

第一，以人为本，为教师提供温馨周到、贴心如家的服务。我们开辟教职工食堂，为教职工提供新鲜可口的午餐；改建学校电动车棚，安装充电桩，解决教师的燃眉之急。教师生病住院，学校领导探望关怀；年轻教师成家，工会送上深深的祝福；老教师退休，学校为他们举行隆重的荣退礼。我还记得一位新入职的年轻教师，父亲突然罹患重病，家境贫困，难以支付巨额医药费。学校第一时间组织全体教职工捐款救助，并且驱车 600 多公里将募捐所得 35 630 元交到了这位教师的手上。我们用实际行动让教师们真正感受到：学校在为教师服务，在为教师的幸福守护。

第二，以人为本，让教师感受到生活在新营的幸福感。学校组建教师合唱等多个社团，愉悦教师身心；在三八妇女节，为每位女教师送上一盆绿植、一句祝福，表彰评选"三八红旗手"；组织全体教职工参加拓展活动、开展趣味运动会，在欢声笑语中，增

进了教师间的情感；邀请专家到校作教师礼仪、健康养生讲座，呵护教师的身心健康；组织党员教师参与红色研学活动。涓涓细流汇成幸福的江海，无微不至的服务与关爱荡起了教师心中幸福的涟漪，奏响了新营"和谐而美"的奋进曲。

四、成就教师，做教师的搭台人

我们努力为教师搭建各种成长平台，给教师提供一切专业发展、展示才能的机会。学校坚持开展相约"一三五"校本教研，让每一位教师共享和美教育智慧。

"相约星期一"：班主任工作沙龙，共享和美班级文化及班级管理金点子。

"相约星期三"：青蓝结对互惠共生。学校让青年教师与骨干教师结成发展群组，开展"135青年教师培养工程"，构建"123青年教师培养资源体系"，为青年教师成长精准编码、分类规划、科学导航，使一群又一群年轻的教师在新营迅速成长起来。一些教师在入职三五年后就能成为学校的业务骨干；有的班主任所带班级月月都是"和美班级"；有的青年教师逐步被提拔为中层，成为学校发展的"中流砥柱"；有的九零后教师成长为东港区副校长后备人才。

"相约星期五"：骨干示范持续发展。学校成立多个"名师工作室"，建立骨干教师讲师团、骨干示范大讲堂，尽显名师风采。

"书香星期二"：丰厚和美教育底蕴。为深化相约"一三五"专业成长工程的成果，学校将星期二定为全校师生的共读日、教师的专业阅读和写作日，为教师增长学识、提升理论素养提供了有力抓手。

学校不仅做好校内教研，还坚持"请进来"和"走出去"相结合，定期邀请专家到校传授先进理念，组织教师外出"探秘取经"。营造"科研兴校"的氛围，依托多个国家、省、市级课题，将科研与教研有机整合，打造了一支学习型、研究型、智慧型教师队伍。

我们最大限度地挖掘教师个人内驱力与群体发展持续力,构建各显其能、多元群动、和谐共治的教师发展新样态。

"以文化人",融"有为"于"无为",寓管理于无痕。在和美新营校园里,每个人传递的都是满满的正能量;在新营,没有旁观者,人人都是主角;在这里,没有"我",只有"我们";在这里,一座校,一群人,一起走,携手迈向和美教育的美好明天!

多措并举,让"双减"扎实落地

2021年7月,正值全国中小学暑假期间,中共中央办公厅、国务院办公厅印发了《关于进一步减轻义务教育阶段学生作业负担和校外培训负担的意见》(以下简称《意见》),要求切实提升学校育人水平,持续规范校外培训(包括线上培训和线下培训),有效减轻义务教育阶段学生过重作业负担和校外培训负担。这一要求便是时下被津津乐道的"双减"。《意见》提出的总体要求和具体措施,既是对校外培训的纠偏扶正之举,也是推动教育高质量发展的清源固本之策。日照市新营小学坚决拥护、坚决贯彻、坚决抓实,推动"双减"措施更快、更好惠及每名学生、每个家庭。

一、因地制宜,提升学校课后服务水平

根据《日照市教育局等 4 部门关于全面推进小学课后服务工作的实施意见》的要求,新营小学不断优化服务项目,拓展服务深度,探寻多重服务路径,努力提高课后服务质量,从而更好地满足家长和学生的需求,进一步提升家长对学校办学的满意度,彰显教育温度。

本学期,我校整合七彩校本课程,创新课后服务形式。我校在充分调研的基础上,将课后服务时间确定为上学日下午第二节课后,整合第三节活动课和放学后一小时,

共计 1 小时 40 分钟；以安全有序为前提，积极落实学生减负要求，优化"作业辅导＋"课后服务的模式，即周一"作业辅导＋少先队活动"，周二"作业辅导＋书香共读"，周三"作业辅导＋校本课程"，周四"作业辅导＋社团活动"，周五"周末影院＋特长训练"，在保证学生在校完成家庭作业的基础上，开展丰富多彩的社团活动。目前，三校区参与课后服务的学生共计 5 322 人，本部 2 784 人参与，参与率为 90.1%；东校区 1 748 人参与，参与率为 93.3%；西校区 790 人参与，参与率为 93%。学校教师积极参与课后服务工作，参与率达 98.8%，为课后服务的实施提供了有力保障。

二、夯实基础，筑牢学校育人主阵地

一是着力改善学校办学条件，加强教室、体育运动场地、厕所等场所建设，配齐学生学习、锻炼等所需要的设施设备，加快构建教育信息化公共服务体系，促进信息技术与学科教学深度融合，推进智慧教育。

二是加强学校常规管理，把课堂教育作为立德树人的主渠道。教师要改进教学方式方法，把每一堂课上好，让每个学生在课堂上就能"吃得好、吃得饱"。

三是加强教师队伍建设，依托"青蓝工程"优化教研组、班级师资配备，发挥名师的辐射带动作用，为青年教师搭建与名师零距离的交流平台，促进青年教师快速成长。

三、作业革命，减轻学生过重作业负担

一是统筹落实"五项管理"，召开全体教职工专题会议，系统强化作业、睡眠、手机、读物、体质五项管理，将之作为减轻学生校内负担、促进学生健康成长的首要之举。

二是规范布置作业，严控总量，提高质量。一二年级一律不留书面作业；其他年级语文、数学作业总量每天不超 1 小时，其他学科、当日无课学科原则上不布置作业。

三是探索作业"新模式",切实减轻学生课业负担,注重分层分类,关注学生个体差异。

四是实行作业审查公示制度,召开教研组长会议,专题研究"严控作业量""科学实施分层作业""倡导作业不出门"等落地实施,层层签订教师承诺书。

"双减"工作"减"的是学生的额外负担,不减的是学生的素质提升;"减"的是家长的教育焦虑,不减的是全社会的幸福指数。新营小学将扎实推进"双减"工作落地见效,立德树人,铸魂育人,创建有利于学生全面发展、有利于家庭和谐幸福、有利于社会公平稳定的教育新局面。

管理有艺术,学校有温度

张老师,女,今年45岁,大专学历,平时工作踏实认真,从不迟到、早退。她在我校已连续当班主任十年,十年如一日,每天在校时间达十小时以上,所带班级在同年级总是名列前茅。由于一直专心于教学工作,没有时间参加学历进修、撰写科研论文,在职称的晋升上遇到了障碍。看到其他年龄比她小得多的教师评上了高级职称,张老师心里有较大波动,在工作上也有所松懈。学校察觉到这一情况后及时采取行动,校区分管校长亲自找张老师谈心,做通思想工作。新学期,学校安排张老师担任教研组长,在学期末将其评为校先进工作者、校优秀班主任,并将其推荐为区教育先进工作者。在这些名副其实的荣誉面前,她感到了自己工作的价值所在,感到了从未有过的充实。有了学校的肯定和支持,她放下思想包袱,重新以饱满的热情投入工作。

张老师虽然学历不高,但是工作兢兢业业,所带班级的成绩十分出色。作为一名教师,她把自己的本职工作做得很好,这也得到了学校的肯定。随着教育改革的深入,毫无疑问,我们的教育很需要学者型的教师,以科研来推动教育的改革,以科研来促进教学工作。但无论怎么说，教师的能力都应主要体现在教育教学水平上，像张老师这样的教师也是学校和学生需要的。学校针对张老师采取的措施是合理的，张老师是一位对学校贡献很大的教师，学校应该让这样优秀的教师感受到自己的职业价值和职业幸福。

校长要全面剖析当前在激发教师积极性方面面临的问题，了解教师的需要，并采取合适的方式去激发教师的工作积极性；对教师工作以及其取得的成绩及时给予充分的肯定，让教师有被尊重、被需要的感觉，这在无形中也会激发教师的工作积极性。在上述案例中，学校经过讨论，安排张老师担任教研组长等，就充分体现了这一点。

校长要在生活、工作上给予教师足够的关心、关注。

学校领导不能一味只关心学生的升学率而忽视教师的需要，使得教师丧失教学的积极性。因为管理的对象是人，所以校长在处理学校事务的时候要采取人性化手段，比如：在每次开展教师大会前会后附带说一两句"工作固然重要，但请大家也不要忽视自己的身体"；平时在见到教师由于工作忙碌而忘记休息，或者由于过度说话而声音嘶哑，或者由于经验欠缺而压力繁重时，可以送上一句提示、一声关心、一次鼓励。这些行为虽然细微，却能很好地满足教师在生理上、安全上、感情上的需要，让教师感到温馨和满足。在上述案例中，给张老师做思想工作、关注她的生活就是一种人性化的表现。

学校领导在管理过程中要以公平公正的原则对待全体教师。

面对教师，学校领导虽然是管理者的身份，但也要尽量帮助教师解决各种困难，包括教师的心理动向问题，避免出现教师消极对待工作的情况。学校领导要关注教师的需要，积极为教师排忧解难。在上述案例中，张老师的贡献很大，但是得到的回报很少，由学校出面给予她一定的关心是应当的。

努力使"双减"工作落地落实

10月20日上午,我有幸聆听了张志勇教授作的《双减改革背景下学校教育面临的挑战与科学应对》讲座。张教授长期在山东教育厅工作,是山东乃至全国基础教育改革的专家。在本次讲座中,张教授从"双减"改革的背景、学校面临的挑战以及如何应对三个层面进行了系统分析。

"双减"工作应坚持以习近平新时代中国特色社会主义思想为指导,全面贯彻党的教育方针,落实立德树人根本任务,着眼建设高质量教育体系,强化学校教育主阵地作用,深化校外培训机构治理,坚决防止侵害群众利益行为的发生,构建教育良好生态,有效缓解家长焦虑情绪,促进学生全面发展、健康成长。

"双减"改革的工作目标是学校教育教学质量和服务水平进一步提升,作业布置更加科学合理,学校课后服务基本满足学生需要,学生学习更好回归校园,校外培训机构培训行为全面规范;学生过重作业负担和校外培训负担、家庭教育支出和家长相应精力负担1年内有效减轻、3年内成效显著,人民群众教育满意度明显提升。

实施"双减"政策,不仅是对我国教育格局的重大调整,更是对教育观念的大变革,还是对教育公益属性的坚守。无论是学校教育,还是校外培训机构,都要回归教育初心,坚持教育的公益属性,不能把"良心的事业"变为"逐利的产业",更不能成为一些人逐利的工具。

实施"双减"政策,从本质上说是对一系列教育观念的纠偏,即纠正育人初心之偏,纠正违规竞争之偏,纠正超前学习之偏,纠正负担过重之偏。

实施"双减"政策是对教育规律的回归,既要坚持全面发展规律、身心和谐发展规律,也要坚持知行合一规律、因材施教规律。我们要落实立德树人的根本任务,以学生的终身发展为出发点,破除功利化、短视化的中小学教育,相信"时间+汗水",尊重教育规律。

"双减"改革重构教育格局,要求学校教育、校外教育和家庭教育协同改革,厘清和规范三类教育的边界，重构、优化公共教育服务体系。

"双减"改革是学校教育育人格局的大调整。《关于进一步减轻义务教育阶段学生作业负担和校外培训负担的意见》一方面要求大力提升教育教学质量，确保学生在校内学足学好；另一方面要求提升学校课后服务水平，满足学生多样化需求，课堂教学、作业教学、课后教学、考试评价与治理改革联动。学校要完善作业管理办法，加强学科组、年级组作业统筹，合理调控作业结构，确保难度不超国家课标，并建立作业校内公示制度，加强质量监督。学校要确保小学一、二年级不布置家庭书面作业，可在校内适当安排巩固练习；小学三至六年级书面作业平均完成时间不超过60分钟。学校要制定课后服务实施方案，增强课后服务的吸引力，充分用好课后服务时间，指导学生认真完成作业，对学习困难的学生进行补习辅导与答疑，为学有余力的学生拓展学习空间，开展丰富多彩的科普、文体、艺术、劳动、阅读及社团活动。学校不得利用课后服务时间讲新课，而要坚持身心和谐发展规律等，充分开展各类各项社团活动，大大地丰富学生的课余生活，扩大学生的体验范围，重视体育、美育课程的实施，扎实推进各项活动的开展。

"双减"改革是学校教育与校外教育育人格局的大调整。校外教育应回归公共服务体系，不能成为另一个国民教育体系。学校教育是由国家设立的专门教育机构承担的培养和教育下一代的公共职责，而校外教育则是学校教育的有益补充。把学科专业教育还给学校，并不是要消灭校外培训教育机构，而是要发挥校外教育实践化、差别化、个性化教育的优势，与学校教育形成互相支持、互相补充、相得益彰的新格局。像课外阅读、体育、音乐、美术、舞蹈、书法等方面的兴趣爱好教育，研学旅行、缅怀先烈、科技教育、心理拓展、军事、环保、劳动、志愿服务等社会实践活动，或组织学生就近到社区、企事业单位开展社会实践活动，让学生在实践中了解社会、认识国情，等等，更适合由校外教育机构提供。有条件的学校可以在课余时间向学生提供兴趣类课后服务活动，供学生自主选择参加。对于出现服务水平低下、恶意在校招揽生源、不按规定提供服务、扰乱学校教育教学和招生秩序等问题的培训机构，应坚决取消其培训资质。

"双减"是学校教育与家庭教育育人格局的大调整，我们要进一步明晰家校育人责任，密切家校沟通，创新协同方式，推进协同育人共同体建设。教育部门要会同妇联等部门，办好家长学校或网上家庭教育指导平台，推动社区家庭教育指导中心、服务站点建设，引导家长树立科学育儿观念，理性确定孩子成长预期，努力形成减负共识。"双减"改革急需改变当前家庭教育学校化，甚至成为学校教育附庸的局面，必须保持家庭教育的独立性，迫切呼唤家庭教育的回归和重构。只有学校和家庭志同道合，抱着一致的信念、开展一致的行动，儿童才能获得全面和谐的发展。

"双减"是公共教育服务供给格局的大调整，必须发挥政府办学的公共性和市场资源供给的高效性两个优势，做到既确保基础教育公共服务的公平性，又能调动市场参与基础教育公共服务的积极性。随着教育改革的不断深入推进，课后服务、网络教育、校外教育等越来越成为基础教育公共服务的新领域，这些服务既可以由学校自身提供，也可以发挥校外教育市场的力量，通过政府购买服务或者政府和家长成本合理分担的方式，纳入基础教育公共服务新范畴。

学而知，知而行，行而远

我是新营小学校长李洪江。参加名校长建设工程的4年，是我作为校长在专业方面快速成长的时期。我以敬畏之心做教育，引领学校可持续发展，做有德行、有温度、敢创新的管理者。

一、价值引领，做德行高、见识远的校长

校长只有提升自己的价值引领力，才能促进教师与学校同向同行。"为国育才、为党育人，兼顾多元、彰显特色"是我任校长、做教育的核心价值理念。

（一）尚廉修德，永葆自律仁爱本色

在工作中，我始终自律，做有威信的教育引领者。我每天坚持早到校，参与校门口执勤、校园巡查。遇到恶劣天气、师生不到校时，也必定准时出现在校园，铲积雪、清积水……在集团化办学之初，我全身心扑在学校工作上，连续162天无休。我深入每间办公室、开展团建、走访慰问，传递新营温暖；坚持定期家访，倾听家长心声，接纳教育建议，促进家校共育。

（二）善思好学，提升自我管理效能

校长只有保持精神的富足，才能用先进的理念、创造性的思维引领学校高品质发展。我抓住每一次研修学习机会，认真梳理所学所得与班子成员交流，为中层管理团队开展二次培训，组织全体教师学习先进理念；深入教学一线，与教师在学习、思考、借鉴中，共同成长；充分利用名校长工作室，开展课题研究，打造科研型教师团队。在团队获得提升的同时，我个人也收获颇丰。

二、开拓创新，做善洞察、敢担当的校长

创新是学校发展的永续动力。在传承和美文化的基础上，我不断开拓创新，聚焦"四力"提升，引领学校走持续稳定、内涵发展之路。

（一）以和生合，提升文化领导力

校长是学校文化建设的掌舵人。四年来，学校和美文化的内涵得到不断延展和内化，衍生出"和合共生"的文化理念，即三个校区"相异相补，协调统一，和谐共进"。

（二）以师为魂，提升团队凝聚力

1.外树形象，内强素质，优化教师队伍建设

学校确立"尊重教师、依靠教师、服务教师、成就教师"的教师队伍建设理念，实施"和合—融合—荣和"的进阶式教师队伍建设策略，从"和于心，美于行，成于思"三个维度开展教师专业发展系列工程：依托日常教研，建立"学科教师教研成长群组"；依托"青蓝工程·小荷计划"，持续开展青年教师"三阶七训"教学基本功素养训练活动，建立"青年教师专业成长群组"；依托名班主任工作室、名师工作室，建立"骨干教师专业成长群组"，最大限度地挖掘教师个人内驱力与群体发展持续力，构建各显其能、多元群动、和谐共治的教师发展新样态。

2.人文关怀，内化于心，提升团队凝聚力

"人人都是学校管理者"。学校召开教职工代表大会，"问计于师"，开辟教职工食堂，改建电动车棚，探索实行弹性上下班制度，修订绩效考核办法。组织少先队代表大会，"问计于生"，让德育回归学校本位。组建家委会、家校共育会，"问计于家长"，实现家校共育。

学校"以师为魂"，激发了教师发展内驱力，增强了教师成长持续力，教师队伍建设硕果累累，汇聚蓬勃力量。

（三）以生为本，提升课程建设力

课程是育人的重要载体，未来学校的竞争力主要在于课程文化。作为校长，我必须具有前瞻、开放的课程意识。

学校发展学生核心素养，探索"和美少年"育人路径，重构七彩课程体系。近年来，学校进一步建构国家课程校本化的主题课程、普及类特色课程、选修校本课程三类一体的学校七彩课程体系，其中创客教育在全市率先拓展了普及性教育和选修教育相结合的创客课程新模式。

"双减"之下，五育并举，推进学科教学走向深入。学校开展德融系列课程，培育

新营和美少年；探索以"项目化学习"为导向的课堂转型，促进多学科融合，实现智育新样态；以学生兴趣和能力发展为导向，采取"1/4＞1"体育模块化教学；以活动为载体，拓展美育实践新路径；拓宽劳动教育渠道，创新课程评价方式，最终达成"有德行、多才智、有活力、知情趣、慧劳动"的育人目标。

学校还丰富主题节日课程、成长仪式课程、四大校园文化节课程，为孩子搭建成长的舞台。疫情当下，学校为四年级的孩子举行了十岁成长礼，通过创新思路、周密安排、闭环管理，用责任与担当送给孩子们一场难忘的"帐篷音乐节"。

以返璞归真的教育为土壤，以仁爱之心为阳光，教师与学生在适宜的课程里彼此成就，学校教育的生长力也被深层次唤醒。

（四）以改促行，提升教育教学创造力

学校创新开展"作业辅导＋"课后服务模式，充分挖掘校内外资源，满足学生多样化需求；创造性地开展午间课后服务"三部曲""五个汇"，打造以少先队活动为主阵地、促进学生全面发展的缤纷午后时光。

三、融合共进，做站位高、用心专的校长

我深知，这所"三校一园"的教育集团是新营人肩上沉甸甸的责任。

（一）和合共融，构筑"各美其美，美美与共"的集团发展新格局

作为日照市首个教育集团，在实践摸索中，学校逐步确立"一体两翼、体强翼壮、协同发展"的管理新思路，坚持"一个办学理念、一套领导班子、一支教师队伍"的原则，坚定不移走好集团化办学新路径。各校区既深度融合，又发挥特色、打造亮点，从"一枝独秀"到"百花齐放"，从"各美其美"到"美美与共"，形成了独具特色的新营集团发展格局，为区域内集团化办学贡献了新营思路与新营智慧。

学校连续四年在区教育和体育局目标管理绩效考核中位居第一，获得良好社会声誉。

（二）辐射带动，构建"有境界、有温度、有内涵"的名校长工作室

"独行速，众行远"，名校长工作室的成立是新时代校长队伍建设的要求，更是教育高质量发展的必然选择。

1.联合办学，助力教育均衡

2018年起，学校先后与三庄镇中心小学、南湖镇中心小学联合办学，互派教师跟岗交流；与新疆麦盖提第六小学结对共建，为教育脱贫贡献力量。

2.主动衔接，推动幼小衔接"1＋N"片区联合教研

学校通过教研、座谈、讲座等形式，加强学校教育与家庭教育的衔接，减少社会焦虑。

3.开放共美，互为资源"共同体"

我们工作室成员包括来自全市两区两县的11名校长，以"修己、达人、共进"为工作目标，倡导"读书温润心灵，交流碰撞火花，互访诊断问题，切磋打磨智慧"的做法，将名校长工作室打造成学术交流平台、教育新理念传播载体和厚植人才成长的沃土，开创"一室领航、多校启航、共同远航"的工作局面。

最后，"学而知，知而行，行而远"，我将坚守初心、坚定信念，继续与工作室成员携手，为师生搭建成长的幸福长梯，共赴教育的星辰大海！

读懂《论语》，就读懂了人生

很荣幸在这里和大家一起交流我读《论语》的所思所得。

穿越历史长河，经典历久弥新。

中华优秀传统文化是中华民族的文化根脉，其蕴含的思想观念、人文精神、道德规范是我们中国人思想和精神的内核，我们要敬仰中华优秀传统文化，坚定文化自信。一直以来，习近平总书记高度重视中华优秀传统文化的传承与弘扬，并作出了一系列重要论述。

（PPT 呈现）

"要推动中华优秀传统文化创造性转化、创新性发展，以时代精神激活中华优秀传统文化的生命力。"

——2021 年 3 月 22 日，习近平总书记在福建考察时的讲话

"博大精深的中华文明是中华民族独特的精神标识，是当代中国文艺的根基，也是文艺创新的宝藏。中国文化历来推崇'收百世之阙文，采千载之遗韵'。要挖掘中华优秀传统文化的思想观念、人文精神、道德规范，把艺术创造力和中华文化价值融合起来，把中华美学精神和当代审美追求结合起来，激活中华文化生命力。"

——2021 年 12 月 14 日，习近平总书记在中国文联十一大、中国作协十大开幕式上的讲话

"中华优秀传统文化是中华文明的智慧结晶和精华所在，是中华民族的根和魂，是我们在世界文化激荡中站稳脚跟的根基。"

——2022 年 5 月 27 日，习近平总书记在中共中央政治局第三十九次集体学习时的讲话

习近平总书记在讲话中偏爱引用《论语》。2013 年 11 月 26 日，习近平总书记到山东曲阜考察，在孔子研究院同有关专家学者代表座谈表示："中华民族有着源远流长的传统文化，也一定能创造中华文化新的辉煌。"他还强调，"我这次来曲阜就是要发

出一个信息：要大力弘扬中国传统文化"。考察期间，在孔子研究院，习近平总书记看到桌子上摆放着《孔子家语通解》和《论语诠解》两本书（PPT 显示书的图片），他拿起来翻阅，说："这两本书我要仔细看看。"

那么，《论语》究竟是一部怎样的书呢？

一、《论语》其书，孔子其人

2015 年，在江西南昌西汉海昏侯墓文物保护工作站，考古人员有了重大发现。海昏侯墓是汉废帝刘贺的墓，刘贺是汉武帝的孙子，他只当了 27 天的皇帝就被废黜了。他的墓葬陪葬丰富，是截至目前出土金器最多的汉代大墓，但是比这些金器更珍贵的是同步出土的 5 200 多枚竹简。由于年代久远，这些竹简在刚出土的时候，就像一堆烂泥巴。科研人员用先进的科技对这些竹简进行了修复和保护。经过专家的辨认，在已经发现的这些竹简当中，有五百多枚竹简的内容居然是《论语》，而且应该属于《论语》最古老的版本之一、在汉末魏晋时期就已经失传的《齐论语》。

（播放央视视频，展示竹简复形过程）

提到《论语》，我们能说出来很多的文化因素，比如 115 个成语典故（PPT 显示《论语》中的成语，随机排列）：温故知新、见义勇为、既往不咎、尽善尽美、见贤思齐、愚不可及、文质彬彬、敬而远之、诲人不倦、举一反三、任重道远、死而后已、空空如也、循循善诱、后生可畏、过犹不及、成人之美、察言观色、名正言顺、手足无措、有教无类、道听途说、患得患失。

（一）《论语》："半部《论语》治天下"

《论语》还是一部关于做人做事的智慧宝库，是人类宝贵的精神遗产。

北宋开国宰相赵普曾策划发动陈桥驿兵变，协助赵匡胤建立北宋，他说自己没读过什么书，连《论语》也只读过半部，但是就靠这半部《论语》可以治天下。"半部《论语》治天下"的说法对后世很有影响，成为以儒学治国的名言。

历史学家钱穆说："《论语》自西汉以来，为中国识字人一部人人必读书。"

著名学者叶嘉莹曾说过："此后数十年的人生路途中，无论遇到任何困惑或苦难，常常会有一两句《论语》中的话闪现出来，我往往就由此一两句话，得到了答案和解脱。"

（二）《论语》：一部有理又有趣的书

读《论语》，我们读的是一句句话，看见的却是一个个人。书里的一个个弟子都是活生生的，一人一个样儿，各不相同。师生之间的对话直白浅显又饱含真理，因此《论语》是一部有理又有趣的书。

（三）《论语》版本

《论语》现存二十篇，一万六千字左右。"论"就是编纂，"语"是指话语。按照汉代史学家班固的说法：《论语》就是把孔子及其弟子所说的话记载下来、编纂起来。这样一部重要典籍历经秦火和战乱传至大汉初年出现多个传本，有《齐论语》《鲁论语》，还有孔壁中发现以古文字书写的《古论语》。如此多的传本读起来非常费力。东汉末年，大儒郑玄以《鲁论语》为底本，参考《齐论语》《古论语》编校整理了《论语》，并为《论语》作注，他希望后世人能读《论语》而知如何为学、为人、为政。郑玄的注本也成为了后世《论语》流传本的基础。

（四）《论语》：洞见孔子的人品性格、理想抱负

孔子生于乱世、毕生坎坷，3岁丧父、17岁丧母，年轻时看过牛羊，后来也做过大官。为了理想，50多岁的他辞官离开鲁国，周游列国14年。可以说他的一生很不顺利，但从他身上，我们看到最多的是乐观和豁达。后人尊称孔子为圣人，但孔子绝不是一个不食人间烟火的人。孔子既理想又现实，既执着又懂得放下，既严谨认真又风趣幽默。中国人的仁德智慧、温良恭俭让，都藏在这位老师和他学生的对话里。

（五）《论语》：可读、能读、要读

之所以倡导人人读《论语》，首先是因为《论语》人人都能读。《论语》的语言简练，浅近易懂，每则语录都很简短，不需要读的人有多高的学历，几乎都是就事论事，很少有长篇大论的文字。

同时《论语》很重现实，教人入世、不空谈，关注的是为人、学习、处世、为政等方方面面。

可以毫不夸张地说，《论语》是中华民族精神和智慧的源泉，其中蕴含的中国智慧、中国精神和中国价值，影响了世世代代的中国人。

二、关于儒家学说

《论语》这部典籍，较为集中地体现了孔子及儒家学派的政治主张、伦理思想、道德观念、教育原则等。在孔子创立的儒家思想中，"仁"是其思想体系的核心，主张体恤民情、爱惜民力、以德治民，以仁爱之心调节与和谐社会人际关系，反对苛政和任意刑杀，维护周礼，认为贵贱有序。然而，儒家学派的发展也并非一帆风顺的。

（PPT 呈现九个阶段）

在中国历史上，春秋战国时期是中国古代历史上的大变革、大动荡、大发展时期。在这一时期，中国的政治经济取得了迅速发展，社会各阶级的代言人纷纷站在本阶级的立场上，对宇宙万物、社会变革作出解释，或提出主张，于是出现了"百家争鸣"的局面，儒家学派只是其中的一家。孟子发展了儒家学说，政治上主张"仁政"，并提出"民贵君轻"和"政在得民"的思想，主张给农民一定的土地，不侵犯农民的生产时间，减轻刑法和赋税。

到了秦朝，儒家思想因为不适应巩固政权和加强中央集权的需要，加上儒生们又经常非议时政，秦始皇实行"焚书坑儒"，儒家思想遭到排斥和压制的厄运。

直到西汉汉武帝时期，儒生董仲舒提出了"天人感应""君权神授""大一统""罢黜百家，独尊儒术"，神化了皇权，适应了封建中央集权的需要，儒家思想由此获得了独尊地位，从此成为我国封建社会的正统思想。

到了南宋，朱熹对儒家思想加以创新，以儒家思想为基础，吸收佛教和道教思想，形成新儒学。他认为"理"是宇宙万物的本原，"气"只是构成宇宙万物的材料，并把"天理"与"人欲"对立起来，其实质是为封建等级制作辩护。

明清时期，以李贽、黄宗羲等为代表的进步思想家对儒家思想提出了批判，批判了君主专制制度，提出早期的反封建的民主思想。

近代，随着西方资本主义思想的传入，资产阶级各政治派别以启蒙思想的一些原则为依据否定了儒家思想的合理性，特别是新文化运动，把斗争矛头直接指向封建礼教，儒家思想的正统地位受到冲击而发生动摇。

新中国成立后，马列主义、毛泽东思想在新中国的意识形态领域取得绝对的领导地位。受"左"倾思想的影响，我们一度对传统代化特别是儒家思想采取了一种偏激的态度和措施，儒家思想的统治地位被彻底摧毁。

社会主义现代化建设新时期，我们才逐渐纠正了对传统文化的偏激态度，重新认识到了传统文化中的合理成分，提倡和发扬儒家思想体系中的"仁爱""德治""民本"等思想，使传统的儒家思想在当今社会中找到了合理的位置。

其实，在不经意间，《论语》已经成为我们生活的一部分，我们不知不觉就会用到它。比如我在这里和大家交流我的读书心得，但是对于《论语》里面的内容及其含义，有的我明白，有的我也还没有领会到，我就要有一说一，做到"知之为知之，不知为不知"。可以说，很多人可能没有完整地读过《论语》，但我们在生活中又时时、处处能用到《论语》，这是因为《论语》的思想已经浸到我们的骨子里了、浸到我们的文化血脉里了。

例如，我们中国很多学校的校风校训就出自《论语》。复旦大学的校训"博学而笃志，切问而近思"出自《论语·子张》——子夏曰："博学而笃志，切问而近思，仁在其中矣。"暨南大学的校训"忠、信、笃、敬"出自《论语·卫灵公》——子张问行，子曰："言忠信，行笃敬，虽蛮貊之邦，行矣。言不忠信，行不笃敬，虽州里，行乎哉？"香港中文大学的校训"博文约礼"出自《论语·雍也》——子曰："君子博学于文，约之以礼，亦可以弗畔矣夫。"

我们新营小学的"和美教育"办学理念，"致和尚美"的校训，"和生合力、美怡人心"的校风既有着深厚的历史渊源，又有鲜活的时代气息。

新营小学的"和美教育"源自儒家思想精华"仁义礼智信"，融合新时代的"和谐文化"，营造了一个和美共生的文化磁场，形成了独具特色的新营文化。

在《论语·学而》中，子曰："礼之用，和为贵，先王之道，斯为美。"至圣先师孔子对"和"与"美"的解读，给予了新营"和美"理念厚实的历史底蕴。

"君子和而不同"的思想，促成了新营"和美"文化的多样性与协调性。

"各美其美，美人之美，美美与共，天下大同"，费孝通先生对"美"的诠释，丰富了新营"和美"理念的深刻内涵。

与此同时，新营小学依托儒家"传统六艺"——礼、乐、射、御、书、数开发七彩校本选修课程，营造和美共生的百花园。七彩校本课程包括红色德育、橙色音乐、黄色乡土、绿色体育、丹青美术、蓝色科技、紫色语言，七大领域绘就七色彩虹，点亮孩子们的七彩童心，成就孩子们的七彩生活。

《论语》中蕴含的教育智慧，是我们新营文化的根基；《论语》中蕴含的人生智慧，也在深刻影响着中国人的性格、思想、品质，影响着中国的民族文化。

三、读有所悟

（一）《论语》的为人之道

《论语》最核心的思想就是"仁"，但具体什么是"仁"，孔子没有下过一个本体性的定义。在书中我们看到很多弟子向孔子问"仁"，孔子会因材施教，根据对方的情况，给予指导性的答案：子贡问仁，孔子说"己欲立而立人，己欲达而达人"；仲弓问仁，孔子说"己所不欲，勿施于人"；樊迟问仁，孔子给出了最经典的答案"爱人"。

我们不禁要问：什么样的人是理想的人？我们的教育要把学生培养成什么样的人？我们要教育我们的孩子成为什么样的人？这些特别值得思考的问题，在《论语》中就有解答。

人和仁读音相同，其实意思也相通，人就得仁，如果一个人没有了仁德，他就失去了做人的根本。"仁"讲的就是人与人之间的关系。对于个人而言，我们要做到以下五点：

第一，修心。子曰："君子坦荡荡，小人长戚戚。"俗话说，为人不做亏心事，不怕半夜鬼敲门。这是在讲做人要坦荡、正派，这样才能心安理得。

第二，守信。子曰："人而无信，不知其可也。"人无信不立，只有以诚待人才能得到他人的厚待。一个人承诺不难，难的是信守承诺；守信不难，难的是长久守信。在日常生活中，我们说话要讲信用，说到做到，言行一致。不守信的人很难获得别人的认可。

第三，惜时。子曰："逝者如斯夫，不舍昼夜。"人的一生非常短暂，当我们回首往事时，岁月已经匆匆过去。每个人都想在这有限的时间里有所建树，所以要尽力抓住时光，趁年轻奋勇拼搏。

第四，言行。子曰："君子欲讷于言而敏于行。"这句话的意思是君子要做到话语谨慎，做事行动敏捷。我们要说话谨慎，给自己留一点余地；行动敏捷，多干实事，做到少说多做。

孔子作为第一位名副其实的老师，通过教书育人的方式把"仁"的思想传了下来，进而又影响了后世像孟子、朱熹等许多的儒学大家。在"仁"的基础上，中国人又形成了"四海之内皆兄弟""老吾老以及人之老，幼吾幼以及人之幼"这样的宽广情怀。

读《论语》这么多遍，我最深切的感受就是，读的过程不光是在聆听孔夫子的教诲，更是在和真实的自己对话，我们都能从《论语》中找到认识自己、提升自己的好方式。

我们要沉淀自己。子夏在鲁国一个小城担任地方长官时，曾向老师孔子请教如何治理政事。孔子说："不要急功近利。急于求成，反而达不到目的；贪图小利，就办不成大事。"这个道理既适用于做事，也适用于做人。唯有沉淀下来，按照自己的节奏和步伐向未来跑去，才能一步一步地收获成功。

我们要放低自己。子曰："三人行，必有我师焉，择其善者而从之，其不善者而改之。"一个人成长最快的方式是什么？这句话就给出了一个极佳的答案。《战国策》记载了孔子拜7岁项橐为师的故事。每个人身上都有值得我们学习的优点、学识和本领。唯有放低自己的身段，虚怀若谷，勇于向他人求教，才能不断改进和完善自己。

我们要反省自己。曾子曰："吾日三省吾身：为人谋而不忠乎？与朋友交而不信乎？传不习乎？"反省是一面镜子，它能将我们的错误清清楚楚地照出来，使我们有改正的机会。人只有通过不断反省，才能更真切地认识、了解自己，继而提升自己。

此外，我们还要学会宽容。"成事不说，遂事不谏，既往不咎。"这是孔子告诫弟子宰我的话，说过去的事情就让它过去，不要再提，也不要再追究了。人这一生，总有一些不愿回首的经历。我们要学会放下，学会释怀，宽容他人，也体谅自己。

（二）《论语》的处世之道

第一，《论语》提倡的是不管是亲人还是朋友，抑或是同事，我们都要在交往中用平等、理性的态度去尊重对方。

学生子贡问："有没有一句话可以作为人生终身坚守奉行的信条呢？"孔子说了这样一句话："己所不欲，勿施于人。"意思是你自己不愿意接受的东西，也不要强加给别人。穿越千年，这句话依旧值得我们学习。平日里，我们都应该学会换位思考，不应该将自己不乐意接受的事情或是观念强加于人，让别人去接受，要懂得推己及人。当我们像在乎自己一样也在乎别人的想法，才不会做出既伤害他人也伤害自己的事情。我们要将心比心，为他人着想，这样既能收获他人称赞，也会使自己倍感幸福。

第二，在与人交往时，我们要把握好分寸。现代社会，人与人的关系可以说更近了，但也可以说更远了。特别是随着网络的发展，很多人在虚拟空间认识的人越来越多，但在现实世界中却发现聊得来、信得过的人越来越少。如何处理好人际关系是我们每个人都必须面对的问题。细读《论语》，我们可以从中学到很多处世的方法、做人的规矩，这些道理看起来很朴素，但是其中既有原则，又有变通。孔子最基本的处世态度可以简要总结为：做事要有原则，还要把握原则里的分寸。

我们在生活中常常有这样的困惑：父母对孩子无微不至，却常常招来孩子的叛逆；亲密无间的好朋友，却常常做出彼此伤害的事情来。

孔子认为：太过疏远和太过亲密都不是最佳状态，即"过犹不及"。有一个哲学寓言，名叫《豪猪的哲学》。有一群豪猪，身上长满尖利的刺，它们要挤在一起取暖过冬，但是不知道应该保持一种什么样的距离才最好：离得稍微远些，互相借不到热气，于是就往一起凑凑；一旦凑近了，就会被尖利的刺扎到，于是便开始疏离；离得远了，大家又觉得寒冷……经过很多次磨合以后，豪猪们才终于找到了一个恰当的距离，在彼此不伤害的前提下，保持着群体的温暖。

第三，在生活中，我们除了人际交往，还要成就一番事业，这也需要把握好分寸。"立业"是孔子很看重的。孔子说："不在其位，不谋其政。"这也就是说，我们不要越俎代庖，跳过自己的职位去做分外的事。这是当代社会特别需要的一种职业化的工作态度。

孔子提倡的"不在其位，不谋其政"隐含着一个前提，就是"在其位，谋其政"，即先做好本职工作。怎么做呢？简单说来就四个字——"少说多做"，即说话要谨慎，做事要积极。

孔子的学生子张，要学习做官，请教孔子应该怎么做。孔子告诉他说："多闻阙疑，慎言其余，则寡尤；多见阙殆，慎行其余，则寡悔。言寡尤，行寡悔，禄在其中矣。"这告诉我们要多听，遇到有疑问的地方时就先放一放，即使是自己觉得有把握的地方，说话时也要小心，这样就会少了很多怨尤；要多看，遇到有疑问的地方时也先放一放；即便自己的阅历很丰富了，做事仍然要谨慎，这样就会少很多后悔。总之，多听、多看、多思、多想、谨言、慎行，就能"言寡尤，行寡悔"，做事就能成功了。

（三）《论语》的为学之道

俗话说："活到老，学到老。"我们每个人都应当坚持终身学习。《论语》一书中有许许多多关于"为学"的句子，时至今日，这些话语仍旧可以为我们的求学、求知提供精神指引和价值引领，比如"知之为知之，不知为不知"的态度，"学而时习之""温故而知新"的习惯，"学而不思则罔，思而不学则殆"的意识。

在《论语》的开篇，其实孔子就谈到了为学的三个境界："学而时习之，不亦说乎？有朋自远方来，不亦乐乎？人不知而不愠，不亦君子乎？"

第一个境界是好学乐学。在《论语》一书中，好学乐学之处比比皆是。好学乐学，是《论语》一大精神，也是一大境界。

第二个境界是乐意与朋友共学。乐学还只是独乐，如果与志同道合者分享这种精神上的快感，就会更令人感到愉悦。

在《论语》中，包含"朋"或"友"的文字有数十处。《论语》重朋友，重视与朋友的交往，重视彼此的相互提携，更重视彼此的心灵交流。"有朋自远方来"，不仅是单纯意义上空间距离的靠近，更是共学适道者彼此相应相求的心灵呼应。在《论语》中，我们会看到很多纠结、残酷和无奈，但是有了朋友，便如在漫漫黑夜中有了时隐时现的星光，朋友之间便可相互照耀和温暖着彼此的心灵。

第三个境界是人不知而不愠。能被别人理解是特别幸运的，如果不被理解，甚至被人误解，那么不恼怒、不怨恨，也不自怆自悲，便是了不起的风范。只有到了这种状态，才是真正学到了功夫。好学乐学、乐意与朋友共学，都是容易做到的，难的就是"人不知而不愠"。

（四）《论语》的为政之道

其实《论语》就是"政治学"，为官者学习《论语》、懂得《论语》，有助于其做好官，造福于人民。社会发展到今天，我们不得不承认孔子真乃当时政界奇才，他任中都宰仅一年，就把中都治理得百废具举，路不拾遗，夜不闭户，全邑民众皆知居仁由义，因此声名远播，四方皆来取法。一年后，孔子升为司空，不久又升为大司寇，摄行宰相职务，也仅三个月便使鲁国大治，国力日盛，令齐国感到威胁。

那怎样做一个好官呢？

其实《论语》在"子张学干禄"（干禄就是做官）中已经有比较细致的表述了。后来，子张又向孔子请教政事，孔子对他说："居之无倦，行之以忠。"意思是在职位上就不要懈怠，执行政令要忠诚。这两句话看似简单，做起来是很不容易的。

为政"四要"包括以下几点：

第一，要为政以德。子曰："为政以德，譬如北辰，居其所而众星共之。"为政者心系人民，爱民如子，必然会得到人民的信赖和拥护。

第二，要为政以仁。"仁"即爱人，真正地爱他人。做官的人要爱自己的部下，爱自己的人民。

第三，要严以律己。子曰："政者，正也。子帅以正，孰敢不正？"在孔子的政治思想中，对为官者的要求十分严格，为官者要正人，就要先正己。

第四，要勤政爱民。子曰："道千乘之国，敬事而信，节用而爱人，使民以时。"治理一个国家，必须认真对待政事，讲究信用，取信于民，节省费用，爱护人民，征用民力时要尊重农时，不要耽误耕种、收获的时间。

对各级领导干部，孔子还提出了三个领导原则。首先是"先之"，强调领导者的带头作用；其次是"劳之"，强调在带头作用下管理下级；最后是"无倦"，坚持做下去。这事看似容易，做到实难。事事带头自然辛苦，有始易，有始有终则难。

（五）《论语》的经商之道

在中国人的传统观念里，"义"与"利"总是被对立起来，认为二者不可得兼，但其实二者是相辅相成的。

1916年日本"企业之父"涩泽荣一出版了《论语与算盘》一书，他"一手拿《论语》，一手拿算盘"，将儒家思想应用到企业经营中去，获得了巨大的成功。

虽然《论语》谈求学、教学、为政的话语比较多，但是其中话语用在经商上面也非常合适。

例如，"学而时习之，不亦说乎？有朋自远方来，不亦乐乎？人不知而不愠，不亦君子乎？"经常了解新的产品信息，学习新的商业知识，不也是很快乐的事情吗？有顾客从远方来光临小店，不也是很快乐的事情吗？若有新顾客对我经营的产品还不了解或产生误解，从而出现退货投诉之类的事情，我不急不愠，依然热情接待客户并进行耐心的解释，不也是一种君子的风度吗？

再如，"吾日三省吾身：为人谋而不忠乎？与朋友交而不信乎？传不习乎？"我们每天要从三个方面反躬自省：为顾客服务有不尽心尽力的时候吗？与客户打交道有不讲诚信的时候吗？学习了别人好的经营之道，有不融会贯通的时候吗？

（六）《论语》里的说话智慧

"言行，君子之枢机，枢机，制动之主。枢机之发，荣辱之主也。言行，君子之所以动天地，可不慎乎。"这是《周易》中记载的孔子说过的一段话。孔子将言行的重要性比喻成个人的枢机，枢机一发，主宰荣辱，可以惊天动地，不可不慎重。

读了《论语》之后，我们会发现，孔子在教育学生时很少疾言厉色、劈头盖脸，他通常是用平缓、循循善诱、跟人商量的口气来说话。这是孔子教学的态度，也是儒家的一种态度，这样一种从容不迫的气度，其实正是中国人的人格理想。他说话既讲内容，又讲原则，还讲方法，即便是批评学生，也能让其欣然接受。因而，他的学生和朋友既乐于听他讲话，也甘于践行他所说的话。

那孔子有什么值得我们学习的说话之道呢？

第一，慎言。孔子认为说话要慎重、准确、负责任，对自己所说的每一句话都不能有半点马虎。说与做之前要多听多看，保留有疑虑、拿不准的地方，对于拿得准的部分，则要慎重地说出来和做下去，这样才能减少错误和后悔。

"夫人不言，言必有中"，孔子欣赏那些对事不轻易发表意见，但不说则已，一开口必定切中要害的人。

第二，择人择言。孔子认为说话要注意对象、场合、身份。

"可与言而不与言，失人。不可与言而与之言，失言。"这告诉我们，可以和他谈的话，却不和他谈，这就是失掉了这个朋友；不可与他谈的话，却和他谈了，就是说错了话。

"言未及之而言谓之躁，言及之而不言谓之隐，未见颜色而言谓之瞽。"这告诉我们，没有轮到自己讲话就越位抢话是浮躁；该自己说话时却不说是隐瞒；不察言观色、观察环境氛围而贸然讲话是盲目。

"中人以上，可以语上也；中人以下，不可以语上也。"这告诉我们要根据说话对象的身份来变通说话方式。

四、《论语》阅读阶梯推荐书单

现在市面上的《论语》版本特别多，让人眼花缭乱，那么读《论语》应该怎么选书呢？

我主要推荐的入门读本是中华书局出版的杨伯峻先生的《论语译注》。杨伯峻先生是著名的古汉语和古文献专家，他的《论语译注》功力精深，译注准确平实，是真正深入浅出的《论语》入门读本。中华书局在整理、出版古籍和学术著作方面享誉海内外。其他入门读本还有钱逊的《如沐春风——〈论语〉读本》、孙钦善的《论语新注（十三经新编新注）》和《中华经典精粹解读·论语》等。

要想对《论语》作深入的了解研究，就需要阅读更有学术含量的升级版本，我推荐三国何晏《论语集解》、南朝皇侃《论语义疏》、北宋邢昺《论语注疏》、南宋朱熹《论语集注》和近人程树德《论语集释》。

想要进行扩展阅读的人，可以读《史记》中的《孔子世家》和《仲尼弟子列传》。此外，《孔子家语》也值得阅读，有学者称其为"孔子研究第一书"。

总之,《论语》是一部值得我们用一生去阅读和思考的经典作品,值得我们细读、一读再读。不光我们自己要读,也要让我们的孩子读,《论语》能够帮助我们树立好家风,教育好孩子。作为一名教育工作者和学校管理者,我也在学校里推进中华典籍的阅读。

孔子是一个大教育家,其教育对人心之"正"具有关键的意义。知识就是力量,力量需要方向,有了人心之正,聪明才智才能发挥积极的作用。我们在繁忙的工作之余,静心读读《论语》,一定会有所收获。

第二部分　典礼致辞

乘风破浪，扬帆远航（2011）

夏尽秋至，冬去春来。满载奉献拼搏的2010年在美丽的礼花中写入史册，洋溢着开拓进取的2011年在祈福的鼓阵中如约而至。

过去的一年，我们团结敬业；过去的一年，我们满怀感激：

感谢各级领导对学校教育的高度关注和精心指导；

感谢社会各界对学校管理的无私关照和大力支持；

感谢各位家长对学校教学的切实关心和真诚理解；

感谢全体教师对学生的引领关爱和默默付出；

感谢所有学生对明天的美好憧憬和努力追求；

……

是孩子们的斑斓梦幻迎来学校教育的又一个春天，是老师们的辛勤耕耘成就祖国的美好未来！

人生不打草稿，生命没有彩排。新的一年，我们更加坚信和践行：爱自己、爱生活、爱工作，会学习、会关爱、会生存。用健康身心收获分分秒秒的感动，用融畅互动分享点点滴滴的喜悦，生命的长河定会精彩纷呈、奔流不息。

让我们弘扬太阳的无私与博爱，崇尚海洋的宽容与浩瀚。让我们爱生如子，勇担文化传承之责，敢挑百年树人之任，挥洒我们的热情和激情，凝聚我们的智慧和勇气，乘着和谐教育之船，向着明亮那方，扬帆远航！

庆祝"六一"国际儿童节大会上的讲话（2012）

在这鲜花烂漫、姹紫嫣红的美好时节，我们迎来了盼望已久的节日——"六一"国际儿童节，这是少年儿童的盛大节日！我非常荣幸地与小朋友们一起共度这美好的节日。值此机会，我谨代表学校向全体同学致以节日的祝贺！向莅临今天大会的领导、来宾表示热烈欢迎和衷心感谢！向辛勤耕耘的老师们致以崇高的敬意！

同学们，"六一"是你们最快乐的节日，也是我们最高兴的日子。今年的"六一"与众不同、意义非凡，因为新营中学初一级部的全体师生与我们共度节日。新营中学初一级部全体师生的来到，给我们济南路小学注入了新鲜活力，给我们带来了向市级名校近距离学习的机遇。近一年来，我们与新营中学相互交流，团结协作，取长补短，共同进步，济南路小学变得更有生气，校园更有活力。我们非常珍惜与你们在一起的每一个日子，我们非常珍重两校间这段深厚的友情，我们更加珍惜这段令人难忘的美好时光。感谢你们，新营中学初一级部的全体师生们！

同学们，你们正处于一个充满希望、充满挑战的新时代，今天的你们是天真烂漫的少先队员，明天的你们将成为现代化建设的生力军，你们肩上担负着实现中华民族伟大复兴的重任。希望你们志存高远，胸怀祖国，放眼世界。希望你们从小做起，从现在做起，养成良好品德，做到心中有国家、心中有集体、心中有他人。希望你们好好学习，天天向上，健康成长，成为家庭中的好孩子、学校里的好学生、社会上的好少年、大自然的好朋友。希望你们富于想象，乐于探索，敢于创新，善于创造，勇于实践。希望你们立志于年少之时，奋斗于一生之中；不负人民的重托，不负祖国的厚望，不负伟大事业的召唤；为民族争光，为祖国争光，为家乡争光；谱写最壮丽的青春之歌，成就最辉煌的人生业绩。

同学们，学校在"润心教育"办学思想的引领下，积极打造了内涵丰富的环境文化、多元发展的课程文化、诗意灵动的课堂文化、以人为本的制度文化、自然和谐的行为文化、丰富多彩的活动文化，实现了跨越式发展。学校声名鹊起，赢得了社会各界的一致认同和普遍赞誉。一年来，学校获得了"山东省体育传统项目学校""日照市行风建设先进单位""市级绿色学校""日照市新教育实验学校""日照市星级平安和谐校园"等20多个省、市、区级荣誉称号，申报了"山东省规范化学校"和"省级绿色学校"，承办了市、区级工作现场会7个，有18名教师分获省、市、区级优质课奖项，有20多名教师被市、区教育局表彰。成绩的取得离不开上级领导的深切关怀，离不开社会各界办学单位的大力支持，离不开各位家长的理解和合作，离不开全体教师的共同努力，让我们以热烈的掌声向他们表示感谢。在今后的日子里，我们要继续以书香伴随童年，以艺术陶冶心灵，以体育强健体魄，引领我们的学校走向更加辉煌的明天。

志存高远，扬帆起航
——2012届学生毕业典礼校长讲话稿

今天我们欢聚在这里，隆重举行济南路小学2012届学生毕业典礼。我代表学校向六年级全体同学表示热烈的祝贺！祝贺你们圆满地完成了小学阶段的学习任务！同时，我也要向为你们的成长倾注了无数心血的老师们表示衷心的感谢和崇高的敬意！正是老师的言传身教、辛勤耕耘、无私奉献，才使我们共同迎来了这个充满喜悦的丰收季节。

同学们，小学生活就像一本书，六年的时光，二千多页就这样匆匆翻过。回首我们朝夕相处的日子，多少生动的细节、精彩的瞬间依然历历在目。忘不了教室里你们发愤苦读的身影，忘不了课堂上你们渴求知识的眼神，忘不了操场上你们生龙活虎的英姿，忘不了舞台上你们天真灿烂的笑脸。多么珍贵的镜头，多么有价值的记忆，一切的一切令人终生难忘、回味无穷，感谢你们，六年级的同学们！

同学们，你们是否还记得：当你遇到困惑时，是谁在耐心地开导你；当你遇到困难时，是谁在热心地帮助你；当你受到伤害时，是谁在细致地关心你；当你犯了错误时，是谁在耐心地指正你。是他们——默默无闻站在你们身后的老师们。多少次手把手的教诲，多少次面对面的谈心，他们甚至比你的爸爸妈妈更了解你的愿望和需求，更明白你的喜怒哀乐，更清楚你的优点和弱点！此时此刻，他们心中牵挂的人仍然是你们。同学们，让我们以最真诚的心、最热烈的掌声向他们表示衷心的感谢和崇高的敬意！

同学们，自从你们进入济南路小学的那天起，你们的成长、前途和命运就已经和学校紧密相关。回首这六年，在"润心教育"办学思想的引领下，在学校良好教风和学风的熏陶下，在老师们的耐心指导下，我们团结奋进，同舟共济，取得了累累硕果。我们共同见证了学校在基础设施建设、校园文化建设、教育教学改革等方面发生的巨大的变化。你们也在学校搭建的平台上，奋发努力，完善了人格，丰富了知识，锻炼了体能，增长了才干，取得了许多的成绩，创造了一个又一个属于自己的辉煌，为今后的发展奠定了坚实的基础。六年的跋涉，六年的攻读，六年的探索，成就了你们，也成就了济南路小学。是你们的积极参与和精心爱护，才有了今天优美的校园；是你们的刻苦求知和不懈努力，才有了今天骄人的成绩；是你们的良好品行和美好心灵，才谱写了校园动人的篇章。同学们，你们完全有理由为自己这充实的六年而喝彩！母校也会为拥有你们这样的学生而感到无比骄傲！

同学们，小学只是漫漫人生路上的一个驿站，还有更广阔的天地等待你们去遨游，还有美好的前程期待着你们去开拓。无论你们走到哪里，母校都始终关心着你们的成长，永远期待着你们不断取得成功。作为济南路小学的毕业生，你们承载了太多的期望，希望同学们无论走到哪里，无论在什么时候，都不要忘记老师的教诲和母校的培育，要把在母校养成的良好素养和习惯带到今后的学习和工作中去，志存高远，胸怀天下，坦白做人，认真做事，开心生活。希望你们爱自己、爱他人、爱生活，让自己的人生之路充满阳光，实现自己美好的理想！愿今天你们能以济南路小学为荣，更愿明天济南路小学能以你们为傲。无论将来身在何方、事业多大，希望你们都能够秉承母校的精神、心系母校的发展，与母校同呼吸、共荣辱，为母校的进一步腾飞贡献自己的一份力量！我衷心祝愿你们今后的学习一帆风顺，祝愿你们的生活永远充满阳光与欢乐！祝愿你们的人生永远写满辉煌和壮丽！欢迎你们常回母校看看！

济南路小学2014—2015学年上学期开学典礼讲话稿

金风送爽，硕果飘香。在这个美丽的收获季节，我们迎来了又一个崭新的学年。在此，我代表全体教师向度过平安愉快的暑假回到校园的同学们表示热烈的欢迎，并对同学们升入一个更高年级表示热烈的祝贺。

回首过去的一学年，我们在"润心教育"办学思想的引领下，以爱润心，以情育行，以心正身，坚持文化立教，走内涵发展之路，全力打造了学生向往、教师幸福、家长满意、社会认可的一流特色学校。在上级主管部门的领导支持下，在全校师生的共同努力下，我们齐心协力、团结奋斗，一心一意谋发展，奋力拼搏求跨越，谱写了学校教育新篇章，从教育教学质量、校园文化建设、师德师风提升、学校办学特色等方面，实现了一个又一个的突破，得到了社会各界的一致认可和广泛好评。尤其是我们承担了中国教育科学研究院举办的第十六届全国小学优质课观摩评议会暨"思维潜能开发"现场会，这是自东港区建区以来教育系统承担的最高级别现场会。同学们流畅的语言、深入的探究、创新的思维、健康向上的精神风貌、整齐划一的步伐、赏心悦目的素质展示，得到了与会领导、中国教育科学研究院专家、参观教师的一致好评和赞誉。这些成绩的取得，是全体教职工艰苦奋斗、甘于奉献的结果，是全体同学不断努力、奋发拼搏的结果，是我校师生用辛勤汗水浇灌的璀璨结晶。在此，我代表学校向你们——全校师生表示衷心的感谢。我相信，在我们大家的共同努力下，学校的教育教学质量将继续保持强劲的发展势头，济南路小学的面貌必定会日新月异。

老师们、同学们，成绩仅仅代表过去，新的学期，我们又迈上了新的征程，新的学年又孕育着新的希望。在此，我对大家提出以下几点希望和要求：

第一，要学会做人。同学们，你们是祖国的未来，希望你们时时处处严格要求自己，在家做个好儿女，在学校做个好学生，在社会做个好公民。对同学要讲团结、讲诚信、讲文明、讲爱心；对老师要讲礼貌，要尊重每位老师的劳动；孝敬家长，学会感恩；关心、热爱班级，为班级做贡献。勿以善小而不为，勿以恶小而为之，把身边的小事当作大事来做，积少成多，争做德才兼备、品学兼优的好学生。

第二，要明确目标，学会学习。所有的知识、智慧、才干、本领都是通过勤奋学习得来的。放弃学习就是放弃美好的未来。成功不在于你是否聪明，而在于你能否把通向成功的每一步走好。让我们每天进步一点点、每天做好一点点，我们一定会成为一个让所有人骄傲的人。

第三，要养成良好的习惯。俗话说，"积千累万，不如养个好习惯"。小学阶段是一个人成长的奠基时期，习惯养得好则可以终身受益，养得不好则会终身受累。你们要在日常的学习和生活中，从点滴做起、从小处入手，扎扎实实做到"排好队、做好操、扫好地、写好字、唱好歌"，养成良好的学习、生活习惯，为今后的人生打下良好的基础。

老师们，我们肩上的责任关系着学生、家庭和民族的未来，我们只有带着无私和宽容的爱投入工作，才能无愧于我们光荣的职业。学高为师，身正为范，博学为本，我们要以高尚的人格感染学生，以文明的仪表影响学生，以和蔼的态度对待学生，以丰富的学识引导学生，以博大的胸怀爱护学生。我希望我们济南路小学的每位教师都成为学生欢迎、家长满意、同行敬佩的优秀教师。

老师们、同学们，新的希望、新的挑战在迎接着我们，我衷心希望每一位老师、每一位同学都能以满腔的热情、高度的责任感、昂扬的精神投入新学期的工作、学习中去。

我们要用实干精神、拼搏精神、进取精神，去创造属于自己的辉煌！最后，祝我们济南路小学欣欣向荣、蒸蒸日上！

在庆祝"六一"国际儿童节大会上的讲话（2015）

在这鲜花烂漫、生机勃发的美好时节，我们在这里隆重地召开日照市济南路小学"六一"国际儿童节庆祝大会。在此，我谨代表日照市济南路小学向莅临会议的各位领导、来宾、家委会成员、爱心护学家长表示热烈的欢迎，向辛勤工作的老师们表示衷心的感谢，向同学们致以节日的祝贺！

近年来，日照市济南路小学在各级政府的正确领导和社会各界的大力支持下，紧紧围绕"润心教育"的思想，着力打造了内涵丰富的环境文化、多元发展的课程文化、诗意灵动的课堂文化、以人为本的制度文化、自然和谐的行为文化、丰富多彩的活动文化，实现了跨越式发展，赢得了社会各界的一致认同和普遍赞誉。学校获得"全国新教育实验优秀学校""日照市教育系统先进集体""日照市行风建设先进单位""日照市文明单位""日照市德育工作先进单位""日照市青少年足球训练基地""日照市数字校园""全区教育工作目标管理绩效考核先进单位""全区教育系统作风建设十佳单位""全区工会工作先进单位"等10多项荣誉称号。特别是去年7月份，我校承担的教育部规划课题"优质课堂与现代教学技艺运用的研究"课题研究现场会和全国第十六届全国小学优质课观摩评议会，得到了中国教育科学研究院专家和各级领导的一致认可和高度赞扬。下一步，我们将继续实施"润心教育"，以书香伴随童年，以艺术陶冶心灵，以体育强健体魄，引领我们的学校走向更加灿烂辉煌的明天。值此庆祝第66个国际儿童节之际，我衷心希望同学们好好学习，天天向上，健康成长，成为家庭中的好孩子、学校里的好学生、社会上的好少年、国家建设的主力军。希望老师们尽职尽责，同心协力，共同推进学校科学跨越发展。也恳请街道及有关部门单位一如既往地关心和支持学校各项工作。

祝同学们"六一"国际儿童节快乐！祝各位领导、各位来宾、老师们身体健康，工作顺利，万事如意！

2016年春季运动会上的讲话

在这草长莺飞、春色满园的季节，我们满怀着内心的喜悦，迎来了自己的体育盛典——济南路小学2016年春季运动会。

我谨代表大会组委会向出席本次运动会的领导和来宾表示热烈的欢迎！本次运动会得到了日照天宁置业有限公司的大力支持，运动会的奖品和方队服装都由日照天宁置业有限公司无私捐助。在此，我们向日照天宁置业有限公司表示衷心的感谢！向为筹备组织此次运动会而付出艰辛劳动的老师，向刻苦训练、积极备战的所有运动员、裁判员表示亲切的问候！

学校在"润心——让每个生命都绽放光彩"的办学思想引领下，以文化立教，走内涵发展之路，促进了学生的全面发展，全力打造学生向往、家长满意、社会认可的品牌学校。学校获得"全国校园足球特色学校""山东省体育传统项目学校""山东省规范化学校"等国家、省、市、区级荣誉称号60多个。

在刚刚结束的2016年东港区中小学生田径运动会上，我校取得了小学组团体总分第一名的成绩，高昕扬同学打破区运会小学组女子100米和200米两项纪录。我校在东港区阳光体育运动会以及乒乓球、羽毛球比赛中也取得了优异的成绩。我校的啦啦操队将要代表日照市参加"2016年全国啦啦操锦标赛"。这些成绩的取得，离不开社会各界的大力支持，离不开全体教师的辛勤付出，离不开同学们的努力拼搏，让我们以热烈的掌声向他们表示衷心的感谢！

本次运动会的召开，是对学校大力实施素质教育、全面落实阳光体育活动的一次大检阅、大展示。

希望全体运动员本着"友谊第一，比赛第二"原则，服从裁判，尊重对手，向着更高、更快、更强的目标努力，以最好的成绩为班级争光。

希望全体裁判员及时到位、忠于职守、热情服务、严守规则、公正裁判，确保大会安全顺利进行。

希望各班主任老师，做好学生的组织工作，遵守大会纪律，保持良好的大会秩序。

希望全体同学能维护赛场秩序，讲究卫生，遵守纪律，文明观赛、文明助威，把本次运动会办成一届"文明、热烈、节俭、圆满"的盛会。

希望通过本次运动会，进一步推动学校体育活动的蓬勃开展，掀起全校师生健身的新高潮，全面提高体育工作水平，开创体育工作的新局面。

预祝大会圆满成功！预祝全体运动员赛出好成绩！

2016年教师节座谈会讲话

在全国第32个教师节来临之际，区委、区人大、区政府、区政协领导来到济南路小学检查、指导、慰问，与我们共度节日，这是区委、区政府对教育事业、对我们一线教师以及学生的关怀，我们的心情无比激动。在此，我代表济南路小学全体师生对各位领导的到来表示热烈的欢迎和衷心的感谢！

近几年来，在区委、区政府的大力支持下，在区教育局的正确领导下，东港教育发展成效显著。政府对教育的投入力度前所未有，大力推进学校标准化建设，使学校的办学条件得到显著改善，实现了全区教育的优质均衡发展，让辖区的孩子享受到了优质的教育资源。教师招考力度前所未有，我校年年招聘教师，不断为学校教师队伍注入新鲜的血液和活力，极大地解决了学校的师资问题，更为学校健康长久的发展提供了坚强的后盾。教育体制改革力度前所未有，全区实现了同一平台办学管理，区教育局实行阳光招生、阳光分班，消除了学生家长的择校心理，解决了学校办学的后顾之忧，使学校有更多的精力投入教育教学。

济南路小学是一所省级规范化学校，学校建设投资 5 430 万元，2009 年 10 月建成使用，由原泰安路小学整体迁入办学。学校占地面积 3 万平方米，建筑面积 2.1 万平方米，绿化面积 1.2 万平方米。学校现有小学教学班 51 个，在校生 3 106 名，幼儿部在园幼儿 500 名；教职工 124 人。

学校坚持"润心——让每个生命都绽放光彩"的办学思想，秉承"以人为本，依法治校，以德治教，全面育人"的办学宗旨，以均衡发展、优质发展、特色发展、内涵发展为主线，以管理创校、质量强校、文化建校、科研兴校、特色活校为工作思路，以润情、润知、润智、润身为核心，积极实施"五大工程"（师德提升工程、公德教育养成工程、教育质量提升工程、校园文化建设工程、教师专业成长工程）。学校打造了丰富多彩的润心环境文化、多元发展的润心课程文化、诗意灵动的润心课堂文化、以人为本的润心制度文化、自然和谐的润心行为文化，构建了集儒家经典、古典诗词、日照文化等于一体的校园文化体系，形成了"文化润心、书香润智"的校园特色。

学校创设多元课程，搭建个性舞台。学校构建了校本、班本、生本三级特色课程框架，实施"1+1"校本课程模式，研发了 32 门特色课程和 20 门思维潜能开发课程。2014 年 7 月，中国教育科学研究院第十六届全国小学优质课观摩评议会暨"思维潜能开发"现场会在我校举行，这是自东港区建区以来教育系统承担的规模最大、级别最高的现场会。学校向全国 1 000 余名教育专家、干部教师展示了"思维潜能"课程开发与实施的"四项改革"和"六项创新"，该课程受到了与会专家的高度评价。中国教育科学研究院面向全国组织的四次培训教学案例均来自我校。目前，我校"思维潜能开发"

校本课程研究已经走在了全国的前列，聊城市、泰安市、临沂市等多个教育考察团来我校参观学习。

学校实施"三二五"教研策略，以"相约周三·精彩一课"为窗口，相继开展新教师过关课、首席教师示范课、中青年教师公开课，并穿插进行推门课、调研课、亮相课，实现教学效益高效化。2013 年，日照市教育局对全市 54 所中心学校进行教学质量抽测，我校获得了第一名。2014 年，我校再次蝉联东港区抽测第一。我校还成功举办了鲁豫皖新教育联盟日照实验区开放周活动。

学校以排好队、读好书、写好字、上好操、值好日、唱好歌为切入点，狠抓学生习惯养成教育，促进学生良好行为习惯的养成。2014 年 5 月，学校成功举办了全区深化学生习惯养成教育现场会。

以阳光体育为重点，体卫艺活动异彩纷呈。2012 年，学校获得东港区中小学生文艺展演一等奖和全区中小学生"诵读经典"比赛一等奖。2014 年，学校获得东港区最佳艺术社团和最佳体育社团称号。2015 年，在日照市中小学生游泳联赛上，学校摘取了小学甲组 6 金 3 银 1 铜。在 2016 年东港区中小学生田径运动会上，学校取得了小学组团体总分第一名的成绩，高昕扬同学打破区运会小学组女子 100 米和 200 米两项纪录。

学校获得了全国课题研究和管理先进单位、全国新教育实验优秀学校、全国校园足球特色学校、山东省规范化学校、山东省绿色学校、山东省体育传统项目学校、日照市文明单位、日照市行风建设先进单位、日照市教育系统先进集体等称号。

各位领导，今后学校将继续在"润心教育"办学思想引领下，努力践行"甘守三尺讲台，争做'四有'老师"教育实践活动，以文化立教，走内涵发展之路，加强精细化管理，促进学生全面发展，精心培育"心有未来，择善而行"的学生，全力打造"学生向往、教师幸福、家长满意、社会认可"的一流特色学校。

"开启和美之门"入学典礼致辞（2017）

今天，我们在这里隆重举行2017"开启和美之门"入学典礼，这不仅仅是一个欢迎仪式，更是见证你们茁壮成长的崭新起点。在此，我代表全校师生，对即将加入新营大家庭的一年级小同学及家长朋友们表示衷心的祝贺和热烈的欢迎！

新营小学是一个和美乐园，"求真向善、致和尚美"是我们每一个新营人的追求与梦想，"乐学、勤学、会学、博学"是每一个新营学子的努力方向。

亲爱的孩子们，离开幼儿园，升入小学，你们已经迈向一个新的人生起点，成为一名小学生，你们开心吗？我们的学校有异彩纷呈的七彩课程，供你自主选择；有独具特色的读书节、艺术节、体育节和科技节，为你们搭建起展示自我的舞台；还有深深爱着你们的老师、同学，与你们共度美妙的童年时光。今天，你们带着对小学生活的向往，携手跨越和美之门，开启和美之旅；明天你们将成长为阳光自信、自立自强、品学兼优的和美少年。

亲爱的家长朋友们，你们是孩子的第一任老师！孩子的健康成长离不开你们的悉心呵护，学校的教育教学活动也离不开你们的参与和支持。请你们常和老师沟通交流，关注孩子的习惯和品行，更要关注孩子的成长与进步，时时刻刻做孩子的楷模。为了孩子的幸福成长，让我们携手共进，用爱与责任共同筑起孩子们通往成功的和美之路。

我还想对我们一年级的老师们说：我们面前的每一个孩子都是一个家庭的希望，都是父母的心肝宝贝。作为孩子成长道路上的启蒙老师，你们肩负着莫大的信任和责任，请你们像对待自己的孩子那样珍爱他们，让家长放心，用爱心、耐心、宽容心对待每一个孩子。

让我们共同祝愿每位一年级新同学都能在和美新营快乐启航，幸福成长！

秋季开学典礼校长讲话（2017）

带着对暑假生活的满满收获，怀着对新学期、新生活的美好向往，我们又回到这美丽的校园，聚集在庄严的国旗下，举行隆重的开学典礼。寂静的校园一下子变得热闹起来了，我和你们一样高兴，一样激情满怀。我高兴，是因为我很荣幸地成为了一名新营人，和大家一起走在教育的和美路上；我激动，是因为对新营明天的无限畅想与祝愿。

首先，请允许我代表全体教师对同学们的顺利返校表示欢迎和祝贺！向刚迈入新营校门的 599 名一年级的新同学表示热烈的欢迎和衷心的祝贺，祝贺你们走上了人生成长的新阶段。在此，我也代表学校向辛勤工作的全体教职员工致以诚挚的问候和崇高的敬意！

和美新营，魅力无限。今年，新营小学已经建校 20 周年了。在这 20 年里，新营人不忘初心，砥砺奋进，新营小学成为全市教育的龙头学校，享誉全省。一批批新营学子从这里启航，打下坚实的人生基石，成长为祖国的栋梁、新营的骄傲。今年暑假，在全国首届文明校园评选中，我们新营小学经过区、市、省级的层层推选，成为全国文明校园中的一员，这是对我们的肯定，这是全体新营人奋斗的硕果，这是我们新营人的荣耀！请大家为新营点赞，为自己点赞！现在，全市上下都在为创建文明城市做最后的冲刺，我们新营小学更不能落后，请大家按照创建文明城市的要求，熟记创建文明城市应知应会的内容，文明自己，美丽城市。

新营的明天期待无限，新的学期总有新的希望。回到校园，你一定有许多新的发现，你来到了新班级，有了新老师，拿到了新课本，有了新课程，可能还发现校长怎么也是新的呢？这个暑假，大家的确都有了新的成长和快乐，相信这个学期你一定也会努力成为更好的自己。今天的开学典礼对大家来说，相当于我们的开学第一课。在这里，我想和大家分享一下新学期的几点希望：

第一，心怀感恩，心怀梦想。新的学期，希望大家为自己设立几个小目标，以便在期末实现一个大目标。希望大家用每一个踏实的脚印去接近人生的大梦想。新营一直在为大家的梦想培植沃土，搭建舞台，让我们一起为梦想努力！

第二，遵德守礼，文明做人。文明是社会主义核心价值观的重要内容，全国上下都在争创文明校园、文明家庭、文明单位、文明城市等。文明成为我们道德风貌的重要方面，文明带来进步，文明带来平安，文明带来和谐与幸福。希望大家将文明的种子种在心田，让全国文明校园的称号成为我们的骄傲。

第三，学会学习，勤学善思。希望大家热爱阅读，在浩瀚的知识海洋里撷取传统文化的精华。希望大家上好每节课，写好每个字，读好每页书，陶冶情操，增长智慧，与科技前行，勇于探索，乐于动手，共同开辟美好未来。

老师们，同学们，新的学年是一个新的开始，更是一个新的征程，让我们怀着对美好未来的憧憬，齐心协力，以新姿态、实际行动去面对新学期的挑战，过一种幸福充盈的校园生活。

祝老师们工作顺利，万事如意！祝同学们学习进步，生活愉快！祝学校在新的学年更上一层楼！

大队委授标仪式致辞（2017）

秋枫落去、冬意渐浓之际，党的十九大胜利闭幕，我们新营小学"红领巾相约中国梦——听党的话做好少年"大队委竞选活动也圆满结束。一个多月来，在全体少先队员的积极参与下，经过精彩角逐、层层选拔，最终有 98 位少先队员脱颖而出，成为新营小学新一届大队委中光荣的一员，让我们用热烈的掌声向他们表示祝贺！

我校现有 88 个班级，少先队员 4 400 余名。学校建有管乐队和少先队室，并且利用"相约星期一"活动时间进行辅导员培训，提高中队辅导员的素质。为响应全国少工委关于少先队工作的改革，我校积极开展"动感中队"创建，五小活动全面铺开。开学以来，我们举行了隆重的开学典礼，每周进行主题升国旗仪式，相继开展了红领巾进社区活动、"学雷锋　树新风"美德少年巡讲报告会、"喜迎党的十九大，向国旗敬礼"活动。精彩纷呈的体育节刚刚落下帷幕，我们新营小学的运动健将不仅在学校一展雄风，在区篮球、足球各项比赛中均取得优异成绩。学校建设了少先队活动阵地，红领巾社区实践基地也为队员们提供了良好的实践和学习平台。不仅如此，为培养队员良好的道德品质和行为习惯，学校还开发、实施了一系列少先队课程和成长仪式课程。与此同时，我校抓住少先队员生命成长中的几个重要时间节点，打造了独具特色的"成长仪式课程"。

今天，我们欢聚这里，隆重举行大队委授标仪式是非常必要并且有重要意义的。少先队员们，从今天开始，你们将肩负着光荣的任务，你们的臂膀上佩戴着少先队干部的肩章，这是榜样的标志，这是责任和奉献的象征。请每一位大队委成员珍惜这份荣誉，发扬少先队"诚实、勇敢、活泼、团结"的光荣传统，处处以身作则，文明守纪，勤奋学习，把少先队这个大家庭管理得井井有条，让我们新营小学成为少先队员成长的快乐天地！

同学们，你们是光荣的少先队员，是新世纪的中国少年，站立在960多万平方公里的广袤大地上，吸吮着中华民族漫长奋斗积累的文化养分。在党的领导下，我们要用每一天的努力，去创造无限美好的新纪元。我坚信在少先队大队委的带领下，在每一位少先队员的共同努力下，我们新营小学和美大家庭会日益蓬勃强盛，更加灿烂辉煌！

春暖花开日，风正扬帆时
——2018年春季开学典礼校长致辞

告别了热闹喜庆的春节假期，带着满满的收获，我们怀着对新学期的美好憧憬再次相聚美丽校园，举行隆重的开学典礼！

首先，请允许我代表全体教师对同学们的平安返校表示热烈的欢迎！代表学校向辛勤工作的全体教职员工致以诚挚的问候和崇高的敬意！

过去的一年，我们成绩卓著，硕果累累。我们的学校品牌更加响亮了，荣获了全国文明校园等20多项国家、省、市、区级荣誉称号；我们的教师团队更加优秀了，涌现出一大批教学新秀、教学能手、优秀教师、优秀班主任、优秀教育工作者；我们的和美少年成长更加迅速，在学校七彩课程的润泽下，全面发展，在各级各类比赛、活动中展现出新营学子的独特魅力。

新的一年，我们满怀期待，信心倍增。面对新学年、新任务、新挑战，我们每一位老师都期盼你们能在和美阳光下，收获健康，收获快乐，收获成长。希望同学们能够在新学期，树立成长目标，积极投入学校读书节、艺术节等丰富多彩的活动中，不断展示自我，锻炼自我，养成一个学习的好习惯，学习一项体育或艺术新技能，收获一份自信成长的喜悦。希望每一名同学都能成为个性飞扬、阳光自信的新营之星！

老师们，同学们，新的学年是一个新的开始，更是一段新的征程。让我们跟随"学习雷锋精神争做美德少年"主题教育月活动开启我们的新学年，在"认真、专业、务实、高效"的主题引领下，怀着对美好未来的憧憬，齐心协力，以新姿态、实际行动去面对新学期的挑战，过一种幸福充盈的校园生活。

祝老师们工作顺利，万事如意！祝同学们学习进步，生活愉快！祝学校在新的学年更上一层楼！

"入队礼"校长致辞（2018）

首先，我代表全校师生对今天前来参加此次活动的各位领导、家长朋友们表示真诚的感谢！让我们共同见证孩子的成长。

初夏时节，鲜花簇拥、绿意萦绕，新营小学东西校区一年级的小同学，通过入队仪式，即将光荣地加入中国少年先锋队，成为少先队员。我首先对新队员表示衷心的祝贺！我为你们的成长和进步感到由衷的高兴与自豪！

孩子们，鲜艳的红领巾是红旗的一角，是无数中华儿女用鲜血染成的，是少先队员的标志。从今天起，你们就要佩戴上红领巾。戴上了它，就意味着自己多了一份责任。戴上了它，就意味着要用自己的行动为它增光添彩！希望你们铭记：入队就是一次梦想的起航！愿你们从小树立远大理想，传承民族精神，践行和美的新营理念，致和尚美，求真向善，争做新时代好队员！

亲爱的家长朋友们，在老师的悉心教导下，在你们的殷切关怀下，孩子们每天都在收获成长的喜悦！感谢你们一直以来对学校工作的支持，我相信，在家庭与学校的共同的努力之下，这群可爱的少先队员一定会成长为社会的栋梁之材！

我也诚挚地希望每一位辅导员一如既往地把爱心和热心献给孩子，把智慧与热情献给红领巾事业，做少先队员的亲密朋友和引路人。

历史因传承而延续不断，国家因传承而底蕴深厚。少先队员们，你们是祖国未来的建设者，肩负着传承的光荣使命。愿你们在星星火炬旗帜的指引下，牢记党的教诲，将红色基因融入精神血脉，点燃心中的红色火种，奋发图强，茁壮成长，争做新时代好队员！

少年十岁，未来可期

——2018年四年级成长礼校长致辞

孟夏之日，万物并秀。此时，我们欢聚在和美新营，伴着美好的祝福，怀着感恩的心，见证这激动人心的时刻，一起畅想明天的华彩乐章。

我很高兴站在这里对我们的四年级同学们说说心里话。十岁，幼学之年，是人生的一个重要里程！恭喜你们的成长，祝福你们的蜕变，衷心地祝贺你们长大了，长成了翩翩少年，长成了老师的得力帮手，长成了父母的知心朋友。

十年间，从呱呱坠地到牙牙学语，从蹒跚学步到入园升学，你们不断地成长，不断地进步。在成长的路上，父母是你们的第一任老师。为了你们的健康成长，父母付出了太多太多。孩子们，在父母的眼里，你是最棒的，你是他们的希望，也是他们的全部。你们要真诚地感谢自己的爸爸妈妈！

入学后，老师成了你们的引路人。在新营小学的这四年，你们在和美理念的浸润中幸福成长。从字母到课文，从数字到题目，从懵懂无知的孩童到知书达理的学生，你们时时在收获，时时在进步。这点点滴滴，老师都看在眼里，喜上心头。

亲爱的孩子们，我们也怀有感恩的心，感谢有你！父母感谢你们，正是因为有了你们，生活才那么丰富多彩；老师感谢你们，正是因为有了你们，才拥有了那么多可贵的回忆；学校感谢你们，正是因为有了你们，美好的新营小学才如此生机勃勃。2017年，我们新营小学荣获了"全国文明校园"称号！就在刚刚过去的4月份，我们学校又成功举办了小学教育协同创新与发展名校联盟第三届"学生发展核心素养—聚焦学校文化"研讨会，你们的精彩表现，为学校赢得了崇高的荣誉！孩子们，十岁的你们与新营共成长，新营也因为有你们而骄傲！

你们十岁了，十岁意味着应该告别幼时的淘气，学会更多本领，承担更多责任，付出更多关爱。那么，在十岁之际，大家还需要做些什么呢？我有几句话说给大家听：可爱的孩子们,希望你们心中都有一个梦,一个未来成长的梦,一个中国梦;希望你们脚踏实地去做一件事,一件为他人带来快乐的事;希望你们努力去保持一种习惯,一种终身受益的好习惯。

亲爱的孩子们,请张开你们的翅膀,带着你们的理想和我们共同的希望,振翅飞翔吧!未来是你们的,我们坚信这个世界会因为你们而变得更加温暖和美丽!此时此刻,你们要在心里埋下一粒会开花的种子,而我们,会陪着你们慢慢长大,静候花开!

孩子们,新营有你们,祝你们快乐成长!

秋季开学典礼校长致辞(2018)

九月的校园再次欢悦奔腾,我们又迎来了崭新的学年。暑假里,我们研学旅行,共同成长;走进社区,传递爱心;开展"百名教师访千家"活动,畅通家校沟通渠道。昨天,学校为一年级的小同学举行了入学礼,开启和美之门。此刻,我们满怀对未来的美好憧憬,齐聚在国旗之下,隆重举行新营小学秋季开学典礼。在此,我对光荣升入新年级的每一名同学,特别是刚刚进入小学校门的一年级小朋友们表示热烈祝贺。

岁月见证成长。在刚刚过去的一学年里,老师们精心培育呵护每一名同学,各年级的同学在德、智、体、美、劳各方面都取得了巨大进步。这个学期,我们将迎来中秋节、国庆节、体育节和科技节等,相信同学们会以自己的实际行动、满腔热情,在活动中展现出新营学子的独特魅力。

信念成就梦想。今天,新学期的号角已经吹响,我向同学们提出三点希望:

第一,要热爱祖国,勇敢自强。党的十八大以来,国家发展取得了巨大的成就,人民生活得到了显著改善,我们步入了新时代。这离不开我们党的领导,离不开全体中国人民的辛勤劳动。你们是祖国的未来、民族的希望,读书学习是为了实现民族复兴的理想，学习需要刻苦，学习需要自强。你们要将梦想的种子埋在心中，在学校的各项活动中磨炼自己，遵规守纪，努力养成良好的行为习惯，争做新时代好队员，让自己成长为一棵为人民服务的参天大树。

第二，要团结进取，尊敬师长。你们是和美少年，大家亲如一家。面对挫折烦恼，大家要勇敢团结、挑战自我。请记住：尊敬老师，团结同学，健康快乐比成绩更重要。讲文明、守秩序、懂礼貌，你们就是校园中最耀眼的新营之星。

第三，要乐观自信，学会感恩。新营的好儿童应该每天发现一件美好事情，相信并发现自己的独特价值，学会超越自己；应该学会宽容、学会沟通、学会赞美、学会关爱，珍惜身边的人、珍惜身边的事，和长辈交朋友，和同伴交朋友，和动物交朋友，和自然交朋友，帮助别人、快乐自己。

老师们，同学们，面对新学期，让我们用坚持不懈去描绘，用百倍信心去迎接，开拓创新，共同放飞心中的梦想，共同铸就和美新营新的辉煌！

祝老师们在新的学期工作顺利！祝同学们学习进步！

奔向新时代，追梦新营人
——2019年春季开学典礼校长致辞

春和景明，万物复苏。在寒假中，大家度过了一个喜悦、祥和的中国年。伴着春天的脚步、和着新年的快乐，我们又步入了一个新的学期。在新学期开学之际，看到同学们再一次以饱满的热情重返新营大家庭，我感到非常高兴！同时，我也向为了孩子们健康成长而辛勤工作的全体教师致以诚挚的问候和崇高的敬意！

新学期，新起点。回顾刚刚过去的一个学期，我们为同学们的勤奋学习、锐意进取而倍感欣慰，我们为老师们的无私奉献、兢兢业业而深深感动。正是依靠我们全体新营人的勠力同心、不断努力，新营小学的社会声誉在不断提高，教学质量在不断提升，新营小学的全面发展得到了社会各界的高度评价和赞扬。

在今天的开学典礼上，我想与同学们讲一讲梦想。梦想是什么？我认为，它是对未来的一种期望，一种让你感到坚持就是幸福的东西。每个人都有梦想，但是最终能够实现梦想的人，往往是坚持行动的人。那么，如何让我们的梦想更好地生根发芽、不断成长？我想，大家可以这样做：

第一，生发勇敢之心，这是坚持梦想的前提条件。今年春节，电影院里都在放映这样一部贺岁片《熊出没·原始时代》，大家都看过吧？在影片里，小狼女飞飞与群狼不同，她不欺负小动物、不杀生，看起来很胆小，却敢于为朋友挺身而出，向丑陋现象、恶势力挑战。我想，小狼女飞飞的勇敢是值得我们学习的。在日常生活中，我们要勇于挑战自我，敢于承担责任，举止文明；同时也要敢于向同学们中发生的一些不文明的现象说不，争做有理想、有担当、富有正义感的新时代好少年！

第二，常怀敬畏之心，这是追逐梦想的不竭动力。儒学大师朱熹说："君子之心，常存敬畏。"敬畏既是一种态度，也是一种信念。人人都应当有敬畏之心，缺乏对知识的敬畏，就会有学习不努力的学生；缺乏对道德的敬畏，就会有不懂礼貌的孩子；缺乏对自然环境的敬畏，就会有不爱护自然环境的孩子。同学们，希望新学期的你常怀敬畏之心：敬畏师长，尊重课堂，孝顺父母，明礼守正；敬畏知识，不断汲取新的知识，用知识构建强大的内心世界，实现心中的梦想；敬畏生命，关注安全，珍爱生命，走好人生的每一段路！

第三，永存公德之心，这是实现梦想的道德要求。公德心，就是指为了维护社会公共生活的正常进行而必须遵守的基本规则。

有这样一个真实的小故事，它发生在我们日照市的莒县。在 201 路公交车上，一位乘客的行李歪倒在车内，几片菜叶不识趣地躺在地板上。当时车内乘客较多，大家也都没有在意。这时，一个小男孩好像发现了什么。他拿起一个塑料袋，弯下腰，一片一片地捡起菜叶，放进塑料袋里。之后，他把乘客上车时脚上遗留的杂物以及其他细小的垃圾全都认真地捡了起来。整个过程持续了一分多钟。就是这短短的一分多钟，在这密闭的车厢里，男孩俨然化身成为守护公交车的文明小使者，车厢内其他乘客也都纷纷对男孩赞不绝口。

同学们，这就是公德之心，它体现在我们生活中的方方面面。在校园里，发现地面上有废纸，捡起来，扔进垃圾桶，这就是公德之心；春天来了，万物生长，发现有同学在花坛里跑来跑去，踩坏了花花草草，我们要去制止他，这就是公德之心；放学后，当我们过马路时，遇到有车辆停下来礼让，我们要加快脚步通过，这也是公德之心。同学们，让我们行动起来，从小事做起，将温暖传递给身边的人，让梦想更有力量！

同学们，2018年已然结束，2019年刚刚起步。"一年之计在于春，一日之计在于晨"，愿同学们带着微笑与期待踏入校园，带着平安与收获回到家中。2019，让我们向着梦想，勇敢出发！

2019上半年家长会校长致辞

首先，我代表新营小学对各位家长的到来表示热烈的欢迎，对大家一直以来对学校教育教学工作的理解与支持表示衷心的感谢！

多年来，新营小学的发展，凝聚着全体新营师生的共同努力，更离不开来自全校6 000余个家庭的大力支持！近两年来，在不断做好学校各项工作的同时，我们将目光聚焦到深化学校管理体制改革，加强教师队伍建设上来，通过组内公开课、研讨课、观摩课等多种形式，加强教师的校本教研和专业素养提升；我们将目光聚焦到规范办学上来，从课堂教学、作业布置和批改到开齐开足各类课程等，倡导广大教师提高课堂效率和育人效果；我们将目光聚焦到为学生搭建平台，服务学生终身发展上来，学生活动更加注重效果和意义，尽最大努力让每一个孩子都能有施展自己才华的舞台，让每一个孩子都能从活动中受益成长，努力实现校内的教育公平。

通过一系列措施的实施，学校各项工作在原来的基础上实现了新跨越，获得的荣誉称号越来越多，办学声誉持续提高，社会反响也持续向好。我们深知：在学校发展和学生教育方面，我们永远在路上！要想让这条路走得越来越宽广，越来越通畅，就必须进一步加强家校沟通，让老师更加了解学生接受的家庭教育，让家长更理解和配合学校教育。

为此，我们从2018年暑假，启动了新营小学"百名教师访千家"活动，利用寒暑假，开展集中的教师家访活动。利用两个假期的时间，我们走访了1 800多个家庭，加强沟通交流。在活动过程中，我们特别关注学生学习程度、学习习惯、家庭情况的不同，让我们的教师将目光多投向不同层次的学生，让教师爱的阳光播撒到更多学生身上。我们的"百名教师访千家"活动以寒暑假的集中开展和日常的分散开展结合进行，目的是更好地加强家校沟通，促进家校共育。

家校沟通的顺利有效，对孩子的培养是非常重要的，也正是因为有了顺畅的家校沟通，我们看到新营的孩子脸上总能洋溢着阳光自信的笑容。当然，不可能每一次的家校沟通都是完美的，学校教育、班级教育也不可能让每一个家庭都满意，这也是学校教育的不可回避的现状。毕竟我们要面对6 000余个家庭，算上父母和爷爷、奶奶、姥姥、姥爷，这就是30 000多个成年人，彼此之间由沟通不及时、不到位而导致的理解偏差甚至是误会在所难免。

所以在这里，我发出这样一个倡议：我们有着共同的教育目标，我们有着共同的育儿情怀，孩子父母和学校老师理应成为情感沟通的好朋友、育儿路上的好伙伴；凡事沟通在先，相互体谅，彼此尊重。也只有这样，我们的孩子才不至于因一些琐事而苦恼，也能过着属于他们的快乐生活。学校也一定会尽最大努力，让校园成为孩子快乐成长的乐园。

借今天家长会的机会，我将自己在学校管理过程中的一些所思所想与大家沟通交流，也欢迎家长朋友在方便的时候，与孩子的科任教师或学校的管理人员，也可以与我，进行教育经验的分享。开放的新营欢迎大家!

在庆祝"六一"国际儿童节大会上的讲话

在这鲜花烂漫、绿草如茵的美好时节,我们迎来了盼望已久的节日——"六一"国际儿童节,值此机会,我代表全校师生向各位领导、来宾表示热烈的欢迎和衷心的感谢!我谨向全体同学致以节日的祝贺!向辛勤工作在第一线的全体教师致以崇高的敬意!

同学们,"六一"是你们最快乐的节日,也是我们最高兴的日子。你们是家庭的宝贝,更是家庭的希望。你们能够快乐地成长,家庭就充满欢歌与笑语。你们是学校的孩子,更是学校的希望。你们能够全面地发展,学校就充满生机与活力。你们是社会的未来,更是社会的希望。你们能够和谐地发展,社会就充满热情与友爱。你们是祖国的花朵,更是祖国的希望。你们能够茁壮地成长,祖国就充满美好与希望。

同学们,你们是幸运的一代,也是肩负重担的一代,今天的你们是天真烂漫的红领巾,明天将成为现代化建设的主力军。古人言:"千里之行,始于足下。"少年时代是美好人生的开端,远大的理想在这里孕育,高尚的情操在这里萌生,良好的习惯在这里养成,生命的辉煌在这里奠基,美好的前景向你们召唤。希望你们刻苦钻研、全面发展、健康成才,积极地学习各种知识,主动地掌握各种本领,为自己的明天储备更多的能量。

同学们,目前全市上下正在积极地创建省级文明城市,我真诚地希望全体同学从现在做起,从自身做起,从小事做起,用实际行动自觉遵守"爱国守法、明礼诚信、团结友善、勤俭自强、敬业奉献"二十字基本道德规范,自觉抵制不文明言行,人人争做文明市民,个个争当文明使者,做家庭中的好孩子、学校中的好学生、社会上的好少年、大自然的好朋友,热爱自己的学校、班级,遵守社会公德、公共秩序、交通规则,尊敬师长,团结同学,讲究卫生,遵守纪律,关注环境,努力成为一个文明小市民,为我们的学校、城市增光添彩。

同学们，一年来，我校的办学水平不断提升，各项工作呈现较快发展的态势和蓬勃向上的良好局面。学校获得了"全国教研先进单位""日照市城市绿化先进单位""日照市行风建设先进单位""日照市平安和谐校园""东港区教育工作先进单位"等20多个市、区级荣誉称号。成绩的取得，离不开上级领导的深切关怀，离不开社会各界办学单位的大力支持，离不开全校师生的共同努力，让我们以热烈的掌声向他们表示感谢。济南路小学正如早晨八九点钟的太阳一样，充满着活力，充满着梦想，充满着希望。在今后的日子里，我们要继续以书香伴随童年，以艺术陶冶心灵，以体育强健体魄，引领我们的学校走向更加辉煌的明天。

再一次祝同学们节日愉快！

感恩立志，逐梦前行
——2019年成童礼校长致辞

今天我们在这里举行六年级毕业生成童礼，它标志着又有一批小学生完成了小学学业，即将走向新的学习阶段。在此，我代表学校向圆满完成小学学业的全体同学表示热烈祝贺！向为同学们健康成长而奉献心血与智慧的老师们表示衷心的感谢！同时，也感谢所有家长的辛勤养育和理解、支持与配合！

同学们，今天你们小学毕业了，这不是终点，而是攀登新高峰的起点。在你们即将背上行囊、踏上新征程的时刻，我真心地希望在你们的行囊里至少有这三件东西：一是热爱，二是理想，三是感恩。

热爱是我们成长路上不可或缺的动力。因为热爱，所以成长；因为成长，所以有收获。热爱让我们成长中的每一天都孕育着新的希望与惊喜。同学们可能对热爱还没有清晰的感受，其实热爱一直与同学们的成长相伴。每周一，当五星红旗冉冉升起的时候，内心油然而生的那份神圣与崇敬感，便是源于你对祖国的热爱。当你对一个问题追根究底，对一本好书爱不释手的时候，这是对知识的热爱。当你既能欣赏名贵的花木，也能怜惜墙角无名的花草时，这是对生命的热爱……同学们，心中有一份热爱，我们的成长才能更有意义。愿同学们热爱祖国，努力成长为对国家更加有用的人；热爱生命，珍惜宝贵的少年时光。

理想是矗立于远方的灯塔，它指引着你前进的方向。高尔基曾说："一个人追求的目标越高远，他的才力就发展得越快，对社会就越有益。"如果仅把人生的目标定位于找好工作、住好房子、过好日子，就太狭隘了。同学们一定要有大抱负，树立远大理想，像少年周恩来那样立志"为中华之崛起而读书"，像我们袁隆平爷爷追求"杂交水稻覆盖全球梦"一样，心系国家乃至世界，去拼搏奋斗，去创造更多价值，让你们心中的那粒理想的种子不断生长，方不辜负生逢其时的机遇，不辜负这大有可为的新时代！

感恩是人性的反映，是一种品德，是一种生活的态度。你们成长到今天，需要感恩的人与事物很多。你们要感恩国家给予我们的一个和平稳定的安全成长环境，让你们能够无忧无虑地坐在窗明几净的教室里读书学习。你们要感恩为我们授业解惑的老师们，小学六年的时光，你们慢慢长大，他们慢慢变老，添了白发、有了皱纹却无怨无悔，因为他们生命中也有了一个个与你们有关的温暖而动人的故事，他们与你们结下了一份深厚的师生情谊。你们最需要感恩的人是陪伴你每一天成长的父母。十二年的时光，是他们教你走路，教你说话，教你做人，护你成长，伴你远航。你是他们努力工作的动力，是他们毕生的事业与心血。同学们，爱惜生命，心怀阳光，便是对父母、老师、祖国最好的回报。愿你们有一颗感恩的心，感恩和珍惜拥有的一切，向阳而生，参天可待！

同学们，小学生活就像一本厚厚的书，六年的时光，二千多页就这样匆匆翻过。在新营小学六年的学习中，你们在学校的悉心培育下，通过自己的努力，在学习、思想、能力等方面都取得了可喜的进步，这为你们今后的成长奠定了坚实的基础。我相信，三年后、六年后同学们一定会以优异的成绩来证明自己的实力，我也相信你们一定不会辜负学校、老师对你们的期望。希望同学们以热爱为源，用理想作帆，把感恩作桨，在人生的海洋里，劈波斩浪，为自己开启一条灿烂的航线！

秋季开学典礼校长致辞（2019）

"风吹一片叶，万物已惊秋"，在这秋高气爽的9月，我们迎来了新学年。此刻，我们满怀对未来的美好憧憬，齐聚在五星红旗之下，隆重举行新营小学秋季开学典礼。

回首过去一学年，全校师生齐心协力、努力拼搏，学校在各个方面得到稳步发展：成功举行了入队礼、成长礼、成童礼以及面向各个年级的家长会，在征文、创客、体育等竞赛中喜获佳绩，多个节目在市、区"六一"晚会上精彩亮相。这些可喜的成绩，不断丰富着我们新营这片沃土。再过两天，一年级的小弟弟、小妹妹们就会跨越和美之门，加入我们新营这个大家庭。

与国同成长，开局万象新。同学们，这个新学年与以往格外不同，因为再过一个月，也就是10月份，我们将迎来新中国70华诞；2019年也是少年先锋队建队70周年，我们与祖国在共同成长！我还要告诉大家一个好消息：我们学校迎来了第三个校区。新营小学正在探索集团办学创新模式，这将大大促进东港教育优质均衡发展。

潮起海天阔，扬帆正当时。我们的祖国在70年间发生了翻天覆地的变化，社会也在日新月异地发展，在这意义非凡的新学年，我们要刻苦努力，成为更优秀的接班人！在这里，我讲三个词。

第一个词是"热爱"。生命一定要有所热爱，热爱我们的选择，热爱我们必须肩负的使命。最重要的是，热爱我们的祖国。苏霍姆林斯基曾说过："一个真正热爱祖国的人，在各个方面都是一个真正的人。"热爱祖国是一种最纯洁、最强烈、最高尚的感情。这份感情，我们与生俱来，随着成长将愈加深厚。

第二个词是"努力"。古人说："少不勤苦，老必艰辛。"努力是一种生活态度，虽然有时候努力不一定会有收获，但是不努力一定没有收获！

第三个词是"梦想"。对于梦想这个词，每个同学都不陌生，我们有一个个小小的梦想，我们国家有一个大大的中国梦。它是我们努力的方向，是我们追逐的目标。梦想的高度决定人生的高度。今天再次谈起梦想，我希望同学们提高自己梦想的高度，多与国家的前途、人民的命运相结合。愿你们风雨无阻，向着梦想出发！

老师们，同学们，面对新学年，让我们用坚持不懈去描绘，用百倍信心去迎接，与梦想同行，与祖国同成长，铸就和美新营的新辉煌！

祝老师们在新的学期工作顺利，祝同学们学习进步！

红领巾心向党，争做新时代好队员

——2019年大队干部授标仪式校长致辞

秋枫落去、冬意渐浓之际，我们新营小学三个校区的"红领巾心向党，争做新时代好队员"大队委竞选活动也圆满结束。两个星期以来，在全体少先队员的积极参与下，经过精彩角逐，层层选拔，最终有46位少先队员脱颖而出，成为新营小学新一届大队委中光荣的一员，让我们用热烈的掌声向他们表示祝贺！

日照市新营小学现有三个校区，共112个班级、6 000余名少先队员。本学期开学以来，我们举行了隆重的开学典礼，每周进行主题升国旗仪式；相继开展了红领巾进社区活动，"助学筑梦感恩育人"扶贫日系列活动，喜迎国庆系列活动；我校天鹰鼓号队荣获省鼓号操大赛银号奖、市鼓号操大赛金号奖。不仅如此，为培养队员们良好的道德品质和行为习惯，学校还开发、实施了一系列少先队课程和成长仪式课程，让每一位队员在成长中都有一份独特的生命体验。

今天，我们欢聚在这里，隆重举行大队干部授标仪式是非常必要并且有重要意义的。少先队员们，从今天开始，你们将肩负着光荣的任务，你们的臂膀上佩戴着少先队干部的肩章，这是榜样的标志，这是责任和奉献的象征。请每一位大队委成员珍惜这份荣誉，发扬少先队"诚实、勇敢、活泼、团结"的光荣传统，处处以身作则，文明守纪，勤奋学习，把少先队这个大家庭管理得井井有条，让我们新营小学成为少先队员成长的快乐天地！

同学们，你们是光荣的少先队员，是新世纪的中国少年。在党的领导下，你们要用每一天的努力，去创造无限美好的新纪元。我坚信在每一位少先队员的共同努力下，我们新营小学和美大家庭会日益强盛，更加灿烂辉煌！

2019下半年家长会校长致辞

首先，我对各位的到来表示热烈的欢迎，对大家一如既往地关心、支持学校教育教学发展表示衷心的感谢！

日照市新营小学建校已22年，从无到有、从小到大，一路奋进发展，已成长为一所文化底蕴深厚、办学成果丰硕的品牌学校。就在今年，学校实现了集团化办学，成立全市首个教育集团，教育教学开启新时代。目前，学校拥有校本部、东、西三个校区和一个附属幼儿园，112个小学教学班，6 897名小学生，300余位教师。一直以来，学校秉承和美教育理念，传承和美文化精神，着眼民族和未来，致力于培育优秀的新营学子。

孩子是家校间永恒的话题，让孩子健康快乐成长，是我们共同的目标。作为学校，我们着力为孩子们搭建更多的展示舞台，培养和于心、美于行、成于思的和美少年。新营少年阳光自信、品质高尚，走到哪里都是一道亮丽的风景线。学校小创客参与世界教育机器人大赛，与来自国内外的1 000余支队伍同台竞技，14组参赛队伍全部获奖，值得一提的是我们的小创客包揽了类人教育机器人赛冠亚军；学校天鹰鼓号队荣获省鼓号操大赛银号奖、市鼓号操大赛金号奖；学校戏剧团荣获全省中小学生校园艺术节比赛二等奖；足球小将激情飞扬，以五战全胜、不失一球的好成绩斩获区中小学生足球锦标赛男子组冠军；学校花样跳绳队以熟练的技巧、稳健的赛场发挥荣获区跳绳比赛冠军；竹竿舞社团、民乐社团、管乐团的孩子们也有不错的表现……校园内、社区里、家庭中，处处都能看到孩子们的自信与欢笑，每每谈起孩子们的成长，看到孩子们在各级各类舞台上卓然的风采，身为教育者，我们都感到无比骄傲与自豪。

小学教育是基础教育的起始阶段，也是我国教育体系中时间跨度最长的阶段，更是关系到一个人终身成长的关键阶段。孩子的教育需要学校教育、家庭教育、社会教育三力合一，学校一直高度重视家校沟通工作，例如：学校特别重视教师家访工作，让教师在工作之余多走访家庭，了解孩子的成长环境，以因材施教。今天，我们邀请家长到学校，以家长会的方式进行交流，也是不错的沟通方式。

借此机会，我向家长们提出几点育儿建议：

一、重视孩子的每一条起跑线

受"不让孩子输在起跑线上"观念的影响，不少家长超前教育、一味追求学习成绩。其实，人生有很多条起跑线，生活环境和习惯方式等会对孩子的品行禀赋产生极大影响，重视孩子家庭环境的影响、生活习惯的培养，才能让孩子真正赢在起跑线上。

二、习惯和方法是陪伴一生的法宝

教育家叶圣陶说："教育就是养成良好的学习习惯。"与孩子每次的考试成绩相比，我们更应该关注孩子学习习惯的养成和学习方法的训练。家长应积极配合老师，帮助孩子养成良好的学习习惯，帮助孩子掌握科学的学习方法，这是至关重要的。只有养成了良好习惯，掌握了科学的学习方法，孩子才会主动学习，才能全面发展、健康成长。

三、只有勤奋和坚持才能更优秀

没有人能随随便便成功。业精于勤荒于嬉，学习如登山，亦如逆水行舟，自身的努力和坚持才是走向成功最短的路径。古有匡衡凿壁借光、孙敬悬梁、苏秦刺股；今有俞敏洪坚持三年高考、科比每日凌晨四点开始练球。只有教会孩子勤奋和坚持，才能使他在学习的道路上走得更远。

四、只有尊重老师才能更好地反作用于孩子

教育是一项科学、严谨和复杂的系统工程，教师是从事教育教学工作的专业人员。你可能有很强的社会影响力，但你替代不了老师在学生成长过程中的影响力；你可能有较高的学历层次，但你未必比老师更专业；你可能会告知孩子某些知识的答案，但你无法忽视老师在知识整合、方法训练、思维培养中的重要作用。古人云："故安其学而亲其师，乐其友而信其道。"只有家长信任、尊重老师，孩子才会喜欢、信服老师。因此，家长在孩子面前要多正面分析、评价老师，积极树立和维护老师的威信，让孩子喜欢老师、相信老师，甚至崇拜老师。这对孩子而言，绝对是一件好事。

五、感谢那些治学严谨、要求严格的老师

正如茁壮成长的树苗需要不断修剪，当孩子犯错误时，我们也必须对其进行修剪。只有让孩子正视错误，真正认识到自己错在哪里，承担相应责任，其才能吸取教训，才能取得进步。就在今年，教育部也明确了教师的惩戒权，重新把有刻度的戒尺交还到教

师手中。所以，我们要感谢那些治学严谨、要求严格的老师；同时，我们也呼吁广大家长理解学校教育，与学校齐心协力，共同给予孩子美好的未来。

家长朋友们，孩子的成长是一场马拉松，终点的抵达固然令人期待，但沿途的风景更不容错过。面对孩子的教育，只有家校合力、携手并进，才能让孩子成长的每一步都坚实，才能使他们一路和美前行，以最好的姿态拥抱明天的自己！

最后，恳请各位家长能够继续关心、支持学校教育，期待在我们家校共同努力下，新营教育的明天更加辉煌！

夯本固基促提升，奋进发展谋新篇
——2019—2020 上学期教师放假大会校长讲话

转眼又是岁末，挥手告别忙碌的一学期，我们即将迎来期盼已久的寒假。今天我们全体新营人再次相聚，借此机会，共同驻足回首，清点过往，展望明天。

2019 年之于新营小学，可以说是具有历史意义的一年。我们成立了新营小学教育集团，拥有了东、西、本部三个校区以及一个附属幼儿园，开启了集团化办学的新征程。

在全体教职工的共同努力下，我们圆满完成了本学期各项教育教学工作。学校在 2019 年度各类督导考核中均成绩卓著；在区、市社情民意调查中，家长对学校工作高度认可，满意度再创历史新高。这一切成绩的取得，都归功于在座的每一位新营人。你们对待工作的高度认真、对待学生的严慈相济、对待教育的赤诚热爱，是学校奋进发展的不竭动力！在此，请允许我代表学校，对各位辛勤工作的老师们，真诚地道一声："谢谢你们！你们辛苦了！"

韶光开令序，淑气动芳年。教育固根本，奋进谱华章。下面让我们共同回顾学校一年来的和美足迹。

一、与时俱进，不断深化和美文化管理理念，引领学校发展

（一）党建工作规范化

学校党建工作有了新发展，成立了党总支，现有党员同志 98 名。党总支多次被市、区教育和体育局评为优秀基层党组织。2019 年，有 2 人被日照市委、东港区委评为优秀党员和优秀党务工作者，有 2 人被东港区教育和体育局党委评为优秀党员。

（二）宣传工作系统化、全面化

学校高度重视教育信息宣传工作，成立和美文化工作室，组建全新校园宣传队伍。学校宣传团队工作成绩卓著，2019 年度，学校在各级各类媒体发布教育信息数量如下：学习强国平台发布《校园文化｜山东省日照市：打造"和美校园"帮孩子扣好人生"第一粒扣子"》《精品课程｜山东日照：新营小学四年级语文公开课〈语文园地三〉》《校园文化｜山东日照：新营小学教师第九套广播体操比赛》3 篇，大众网发布 32 篇，半岛网发布 24 篇，日照教育发布以及教育局网站发布 6 篇，日照日报发布 57 篇，日照市政务网发布 2 篇，东港区门户网站发布 8 篇，新东港发布 2 篇，东港教育体育发布 40 篇，2019 年学校微信公众号发布微信 189 篇。总计数量达到 363 篇，相当于学校宣传团队每天至少推送一篇教育信息宣传。

（三）校园安全工作制度化、日常化

为构建文明、和谐、安全校园，学校在本年度进一步完善校园安全预警机制。学校通过各类安全演练活动、讲座，增强师生安全防范意识；家长护卫队、义工护卫队、校园教师执勤，风雨无阻、认真坚守，全方位保障学生安全。学校实行一岗双责，每位教师都有安全执勤岗位。这些措施为学生度过平安、快乐的一学年提供了保障。

二、务实创新，不断深化改革，促进教师和学生发展

（一）师德师风建设：有口碑

学校始终把师德师风建设放在首位，致力于打造师德高尚、师风纯粹、有良好口碑、具有一定社会影响力的新营和美教师队伍。

（二）教学常规管理：精细化

本着"务实高效、减轻师生负担"的原则，学校针对计划、备课、上课、作业布置与批改、测试评价、辅导学生等教学常规管理大胆破旧立新，在调研征求一线教师的基础上，出台《日照市新营小学教师备课规范及要求》《日照市新营小学教师上课规范及要求》《日照市新营教师布置与批改作业的规范及要求》《日照市新营小学教研组"捆绑式"评价细则》等7项系列管理制度及规范要求，让老师们做到有章可依。学校注重对老师们过程性的业务指导，每周针对课堂组织与实施巡查，每月针对业务开展专项督查，每个学期末组织全校教师互观互检业务，发现问题及时反馈补救。落实先周备课制度，教研组集体研讨精品案例并将其打印成册，个人进行二次备课与教学反思，实施"教研组捆绑式评价"等措施都极大地促进了教学的实效性。学校规范作业布置，实现减负增效，通过假期主题实践作业引领孩子成长；重过程、多维度评价、技能与知识相结合、日常与展示相结合等做法在督导评估中获得了肯定。

（三）教学改革推进：稳步化

一是加强干部教师培训。学校通过举行2019"不忘初心　薪火相传"青蓝结对工程结成38对师徒；通过开展青年教师亮相课、"青蓝工程"师徒"同课异构"晒课活动，促进青年教师专业成长；通过"相约星期五——骨干示范课"，加强骨干教师培养。

坚持"走出去"，着力"引进来"。学校先后组织外派教师参与全国小学语文和小

学数学"和美课堂"观摩研讨活动、中层领导干部暑期高级研修班、全国"益智课堂与思考力"总课题组研讨会等省内外各级各类培训会议，学习新理念、探索新思路、引领新发展。2019年，不计市、区内教师培训，学校共组织赴省内外外出培训39次，共计105人次，培训经费205 498.5元。

二是抓住课堂主阵地，夯实和美课堂根基。学校充分发挥特级教师、日照名师、学科带头人、教学能手的榜样示范作用，实施相约"一三五"教师专业成长工程，构筑和美课堂，教研活动注重讲评结合，使每位教师都获得专业指导，不断反思教学。学校组织了一年级零起点教学专题研讨、拼音教学、数学小课题等教研活动，以及骨干教师示范课12节、新教师亮相课58节、教研组赛课29节。2名教师执教省级公开课，在区优质课评选中，荣获一等奖10个、二等奖4个。信息技术组的4名教师在全市小学信息技术教材培训会上进行经验交流，1人执教公开课。学校还为结对学校送课5节，共录制上传16节一师一优课。

三是深入课题研究，提升教师教科研素养。学校扎实推进教科研工作，促进教师的专业发展和素质的提升。学校是国家级课题"益智课堂与思考力培养的实践研究"课题实验基地学校；在东港区益智课堂优质课评选中，荣获一等奖2个；在区益智运动会中，13位教师获辅导奖；"学校创客空间建设与应用"课题进入中期研究阶段，目前已整合出6门创客课程的教材内容。有2人获得山东省创新教育案例奖，2人在省里以上刊物发表论文；56位同学荣获日照市青少年科技创新大赛科技创新项目、科技创意、科幻画、科技实践活动等项目一、二、三等奖；34位同学荣获日照市第七届青少年机器人竞赛小学组一、二、三等奖。2019年2月—12月，我校教师共有20余篇教研论文在省市级论文评选中获得一、二等奖，发表论文7篇；56名老师在各级比赛中获指导奖；李洪江校长在小学教育协同创新与发展研讨会上作论坛发言，林丽丽老师执教公开课。李卫妮老师被选派出国执教一年。庞兆龙老师在全国第二届"实践中的教育信息化"大会上发言。在教育机器人发展论坛上，赵冬梅副校长作《创客空间建设与应用汇报》主题报告，深受好评。

（四）校本课程实施：特色化

在开齐、开足全国家课程、地方课程的基础上，学校创新开发实施"七彩校本课程"。近年来，学校重视基于"核心素养"的"爱与创"的课程构建，重在课程研发的申报、答辩及展示。2018年，西校区共开设校本课程113门，东校区共开设校本课程68门。李增艳老师的农民画工作坊获区一等奖，孔令超老师的版画工作坊获山东省中小学生艺术展演一等奖，东校区美术团队指导的团队获全区中小学生现场绘画大赛一等奖。在全国新教育实验日照开放周暨"研发卓越课程"专题研讨会上，我校提供校本课程活动现场，主题叙事《穿越七彩课程朝向幸福和美》赢得了与会嘉宾高度赞誉。

（五）体卫艺工作：实效化

1.阳光体育运动，快乐和美健康

学校积极推进阳光体育大课间活动，致力于师生的身心健康发展。春季的运动会，秋季的体育节，竞赛与趣味相融，个人与集体比拼，让孩子们在奔跑中快乐成长，在展示中飞扬。学校重视学生体质健康监测工作，及时完成省级、国家级平台的上报工作，及格率50%以上，符合省、国家要求的达标率。2019年，学校积极参加各项赛事活动并荣获日照市东港区中小学足球比赛第一名，东港区小学生跳绳展示活动花样跳绳总分第一名，东港区小学生跳绳展示活动花样跳绳团体展演第一名，日照市中小学生羽毛球锦标赛女单第一名、团体第二名，东港区中小学生乒乓球锦标赛团体第一名，东港区青少年乒乓球锦标赛女子甲组第一名，东港区青少年乒乓球锦标赛男子甲组第二名，日照市第六届运动会青少年组乒乓球比赛男子乙组第二名，日照市第一届小学生网球联赛团体第二名。学校百人竹竿舞参加了东港区和日照市中小学生田径锦标赛的开幕式节目展演，大型球操参加了日照市第六届全民运动会的开幕式展演，获得领导及到场嘉宾一致好评。

2.艺术跃动校园，塑造新营气质

学校重视艺术教育，以课程为本，满足孩子对艺术的追求，提升艺术素养。节目《赶海的小妞妞》荣获日照市第六届中小学生艺术展演二等奖；舞蹈《锄禾》参加东港区庆六一文艺演出；戏曲联唱《梨园春色》、歌曲联唱《我和我的祖国》参加日照市电视台组织的庆六一文艺演出；节目《众里寻你》在红十字会血站与市电视台组织的最美献血者颁奖晚会展演；校管乐团参加日照市小学生管乐团一等奖，新营管乐队受邀参加万平口巡游展演；戏剧《爱就是力量》分别获得区、市比赛一等奖，获得省戏剧比赛省级二等奖；在由市宣传部组织的庆祝建市30周年文艺演出中，指挥家于海指挥我校合唱团学生演唱国歌；小合唱《苗岭连北京》代表教育和体育局参加区机关才艺大赛。

3.普及健康知识，促进健康生活

学校以创建全国健康促进校为契机，抓好卫生健康工作。学校先后共举办健康教育公开课、班会8次，联合市中医院、秦楼街道卫生院等部门开设健康口腔、吸烟有害健康等健康知识讲座3次，分别面向家长和学生开设心理健康教育讲座3次。学校实时更换宣传栏版面，发放宣传资料4次，共计1万余份，印发宣传标语10余条，制作健康宣传微信3期，联合禁毒、卫生部门印发给家长的一封信3次，每年配合技术处组织五六年级学生参加全国禁毒答题活动，并取得满意成绩。学校每学期定期给学生进行健康查体和视力检测，严格执行晨检、午检制度。为迎接创建全国健康促进区的验收，学校先后4次送材料到健康促进办公室和省级验收现场，2次迎接区长、卫健局长来我校进行督导检查。目前，学校还在筹备2020年2月份的国家级验收抽查工作。

三、立德树人，持续构建全面育人格局，丰厚和美文化内涵

（一）开展成长仪式课程：关注生命成长

成立新营小学教育集团后，学校将各项传统的仪式课程根据校区特点进行重构。学校在本年度成功开展四大成长仪式课程：新生入学礼、一年级入队礼、十岁成长礼、毕业生成童礼。学校抓住孩子成长节点，重视每一个特殊的日子，关注生命，尊重成长规律。

（二）开展综合实践活动：聆听生命拔节

学校注重为学生搭建活动平台，以全国少工委"动感中队"的创建活动为基准，进行了主题为"红领巾心向党，争做新时代好少年"新一届大队委竞选活动，召开新营小学第二届少代会，完善了少先队建设。学校还开展了"学习雷锋精神，争做美德少年""我与祖国共成长"等一系列主题教育实践活动和"我们的节日"等课程活动，开展"学习宪法""垃圾分类"等主题宣传活动共计 12 次，开展"共筑碧水蓝天""文明交通齐步走"等小手拉大手活动共计 6 次。

（三）开展"百名教师访千家"活动：爱与责任面对面

为进一步加强家校沟通，形成学校、家庭育人的合力，促进学生健康快乐成长，新营小学持续开展"百名教师访千家"活动。家访是一场行走的教育，敲开的不仅仅是一扇又一扇大门，更是学生与家长的心门，架起的是学校与家庭之间沟通的桥梁。

（四）严格落实教育扶贫政策：尊重、呵护生命

自开展学生资助工作以来，学校切实做到及时宣传、摸排，并随着工作的推进不断完善，确保建档立卡学生、低保学生不漏一人。2019 年度，学校共有 13 名学生分别接受爱心助学、困难学生补助等资助。学校教职工还向教育局对口支援扶贫村庄——崔家峪村购买了 5 000 余斤的农副产品。

（五）发挥区域优势，开展教育宣传活动

2019 年度，社区教育工作稳步推进，学校分别开展了文明行为宣传进社区、暑期教育魅力进社区、全民终身学习等系列主题教育活动，活动达 20 余次。在国庆节期间，东校区少先队还分别走进望海社区、城建花园社区，与社区居民共同庆祝中华人民共和国建立 70 周年、日照市建市 30 周年纪念活动。学校党支部成员还积极深入社区，开展党建宣传、党建知识竞赛等活动。

一年来，我校德育工作收获硕果累累：我校鼓号队荣获市鼓号操大赛金号奖、省鼓号操大赛"银号奖"；侯仕馨同学荣获日照市"新时代好少年"；王永珍、王菊、厉雪梅被评为东港区优秀少先队辅导员；迟丹、许孜畅被评为东港区十佳少先队员；许桐源被评为东港区优秀少先队员；马艺冉、屈睿格被评为东港小名士；教育品牌"聚力'1351'工程共建实践活动阵地"被评为日照市优秀少先队创新工作。

四、尊重教师，服务教师，营造和美共生文化磁场

（一）工会服务体现人性化

本学期，学校工会先后组织开展了教师节庆祝活动、教师篮球赛、元旦职工趣味体育活动等。学校工会积极开展走访慰问退休教师活动，在教师节组织退休教师座谈会，带领退休教师参观学校的新面貌。

学校工会切实关心职工生活。在职工结婚时，学校工会送祝福；在职工生病住院时，学校工会看望慰问；当职工直系亲属去世时，学校工会及时前去慰问。今年，学校工会共看望生病住院职工6人，送出职工结婚祝福5次，慰问直系亲属去世的职工4次。

（二）学校妇联深度关爱女教职工

学校妇联组织创新工作方式，做到"亮旗帜、强组织、优服务、显成效"，努力打造女教工身边的家。学校妇联关心女教工、女同学的身心健康，请专家为女教工做了"管理情绪，释放压力"的主题心理辅导课，为高年级女生举行《我是女生，漂亮的女生》健康知识讲座；关心未婚青年，关心孕妇，为她们提供力所能及的帮助。本学期，学校先后通过了"区级巾帼文明岗""市级巾帼文明岗"的验收，参与验收的区领导、市领导对我校的创建工作给予高度评价。

五、财务公开透明，后勤全面保障，进一步优化办学条件

（一）财务工作严谨规范、公开透明

学校严格管理财务，始终坚持勤俭节约的原则，尽量做到少花钱、多办事、办好事、办实事。学校在本年度共计收费 27 余次，收费金额达到了 1 417.53 万元；完成了全年教职工薪级工资、养老和医疗保险、公积金的调整；完成了文明奖、绩效工资、考务费、取暖费等各类工资待遇的发放；完成了省委巡视立行立改检查三个阶段的自查整改上报工作；每月完成了教职工社保缴费、个税申报、票据审验、财政监测平台的填报、山东省教育专项资金管理平台的填报、山东省公共能耗系统的填报、国家统计系统的填报等各项工作。

（二）后勤工作全面细致、服务周到

1.开展固定资产管理工作

截至 2019 年 12 月 31 日，我校固定资产总值为 90 637 656.37 元（不包含西校区）；本年度固定资产新增已验收入账固定资产 29 宗，总价值 1 919 559.40 元（包含富和物业捐赠空调 49 台，价值 177 380 元）；截至 2019 年 12 月，固定资产原值 90 637 656.37 元，累计折旧 24 002 102.01 元，资产净值 66 635 554.36 元。

2.不断改善硬件设施

2019 年，学校共计完成各项采购 55 项，花费约 480 万元。校本部和东校区班级装配上了先进的电子班牌 94 台和图书阅览系统 2 套，共计 43.3 万元，方便了学生查阅课程信息和师生阅读。学校分批购置了学生课桌凳 1 380 套（326 250 元）、电脑 176 台（769 720 元）、钢琴 6 台（88 800 元）、办公桌椅 51 套（45 480 元）等物品；安装了多处 LED（发光二极管）电子屏；为校本部和东校区每个班级装上了空调台 104 台（453 620 元），为多个活动室安装了中央空调。

3.有序进行维修改造

学校根据教学要求，投资 10 万余元对求真楼进行改造，使其更加实用；对老化的线路、生锈漏水的暖气管道进行改造；花费约 10 万元，对幼儿园草皮进行更换；对校本部、东校区校园做了围墙加高，彻底消除安全隐患。

4.精心美化、绿化校园

学校投资 7.9 万余元对同心楼中心花坛进行了整体规划与设计，根据季节种植花草，在欧石竹的中心地带建设了小亭子，铺设了葫芦路。对初光园进行了刷漆翻新，新栽植 3 棵桂花树和 1 棵广玉兰树。校本部合理规划移植树木，聘请专业人员修剪植被，为绿化带安装护栏，育人环境焕然一新。

六、花开并蒂，学前教育工作迎来新气象

学校附属幼儿园工作扎实推进，不断创新，社会美誉度不断提高，在首次全市公办幼儿园社情民意调查中，获得了极高的满意度。

一年来，幼儿园在这一学期顺利完成了网上招生工作；完成了全国幼儿体育试点承接工作，并于年底通过市级验收，被评为首批全国幼儿体育推广示范园；扎实推进体育特色活动，在全省首届少儿足球嘉年华中获团体第一、两个单项第一、一个单项第二；获得全国体操节啦啦操联赛冠军；对大厅进行改造，更换设施设备多项，全面加强幼儿园的硬件建设；为幼儿定制新式秋、冬季园服，树立良好品牌形象；积极申报课题（其中国家级、省级 2 个课题均已立项），深入开展课题研究；开展丰富多彩的幼儿活动，加强家园沟通，开展教育大走访活动，邀请润禾家庭教育大讲堂走进校园，受到家长和社会的好评；加强食堂食品安全管理，规范食堂经营行为，根据教育和体育局的文件要求，实行六大类原材料定点统一采购，保证师幼舌尖上的安全。

回望 2019，我们满心骄傲与喜悦。新营小学在集团化办学的道路上，每一步都走

得稳健、扎实，夯本固基、稳中求升，坚持不懈、奋进发展。展望2020，我们充满自信与期待。站在新起点，我们全体新营人，必将继续发扬新营精神、传承新营品质，致力于办好人民满意的教育，以奋进之笔，描绘新营更加和美的教育篇章！

祝愿大家身体健康、工作顺利、阖家幸福！

心怀家国，向阳而生
——2020年六年级成童礼校长致辞

盛夏如歌，草木勃发。六年小学时光弹指一挥间，我们在仲夏时节如约相聚，共庆大家的毕业成童礼。突如其来的新冠肺炎疫情，在一定程度上改变了同学们最后一个阶段的校园生活方式，也留给了我们一个极其不同的毕业季。这次毕业抛却隆重，却不乏温馨；看似平淡，却更见真情。在这离别的时刻，请允许我代表学校向经过努力学习，圆满完成小学学业的同学们表示最热烈的祝贺！向辛勤培育同学们健康成长的老师们致以最崇高的敬意！

毕业并不意味着结束，它蕴含着开始与进步。今天，你们即将迈出和美之门，踏上新的征程，我有三条希望赠予你们：

第一，心怀家国，志存高远。

在这次疫情中：无数人在党和人民最需要的地方冲锋陷阵，展现了无惧风雨的英雄本色；无数人在平凡的岗位上创造不平凡的成就，书写了可歌可泣的动人篇章。初夏时节，疫情趋缓，山河无恙，我们重归校园之时，是否曾想过有的战士再也见不到这个郁郁葱葱的夏天了呢？同学们，哪有什么岁月静好，只不过是有人在为你负重前行。不计生死、不计报酬，是因为心怀家国、志存高远。正所谓"有志者立长志，无志者常立志"，愿同学们立长志、勤奋斗，为我们的国家贡献自己的一份力量。

第二，无畏挫折，坚强自信。

挫折是每个人成长中必不可少的经历。"山因起伏则有势，人经磨砺方成事"，人生就像是一面镜子，一面照亮我们现在经受的挫折与困难，另一面照亮我们苦尽甘来的明天。我想无论是怎样的一面都会让我们的人生更加绚烂多彩。因此，同学们在遇到挫折的时候，请勇敢面对，坚强自信，战胜挫折，成就最优秀的自己！

第三，学会感恩，勇于担当。

在成长的道路上，你们需要感恩的人或事很多。感恩祖国的强大，为你们提供和平安宁的成长环境；感恩学校的悉心培养，在一个个节日、一次次仪式中，见证你们的成长；感恩老师的无私奉献与付出，他们是你们的引路人，一次次给予你们慰藉和鼓励；感谢父母的养育之恩，你们在慢慢长大，他们在慢慢变老。有感恩之心的人，才会有责任心和担当，才能成长为德才兼备的国之栋梁！愿同学们长存感恩之心，勇于担当，拼搏向上，皆成栋梁！

今天你们以学校为荣，明天学校将以你们为傲！同学们，由小学到中学，这是一个新的飞跃，希望你们永远珍藏这六年难忘的岁月，时刻牢记老师的殷殷嘱托，心怀家国，担当使命，乘风破浪，向阳而生。同学们，请记住：无论你们走得多远、飞得多高，老师永远牵挂着你们，祝福着你们，母校永远是你们的坚强后盾和精神家园。

祝愿同学们的人生之路更成功、更辉煌！

弘扬抗疫精神，厚植家国情怀

——2020年秋季开学典礼校长致辞

酷暑渐去，金秋徐来，新学期如约而至。在这美好的9月，我们新营小学全校师生，满怀对新学期的期待，欢聚在此，隆重举行新营小学教育集团秋季开学典礼。

回首过去一学年，全校师生齐心协力、辛勤耕耘，学校在各个方面得到稳步发展。疫情期间，学校高度重视疫情防控工作，有效进行了线上教学、防控实战演练、校园全面消杀等工作，疫情防控成果显著。上学期，学校响应市委市政府号召，扎实开展课后延时服务，获得社会各界的高度评价。集团化办学也取得了一定成效。这些可喜的成绩，不断丰富着我们新营这片沃土。

回顾过去，是为了更好地奋力前行。新的学期，新的征程，我们新营校园有了新的变化。这个学期将恢复正常的教育教学秩序，我们的体育场将向全社会开放，助力我市惠民工程。我们将面临更多的挑战和机遇。

2020年注定是一个不平凡的年份。在播种的季节，病毒侵袭；在收获的季节，洪水肆虐。但是，同学们，有一个词叫"多难兴邦"！

你们一定记得，在新冠肺炎疫情中，用生命坚守在抗疫一线的无数白衣战士；你们也能够发现，在刚刚结束的暑假里多地出现汛情，解放军叔叔用血肉之躯为我们筑起了一道防汛"钢铁长城"。人们说，最崇高的荣誉是保卫祖国的荣誉。灾难面前，你们是被保护的一个群体，但是也可以尽己所能做好自己应该做的事情，向英雄们学习，弘扬抗疫精神，积聚力量，厚积薄发，为将来担当使命蓄力，时刻准备着为我们的国家贡献新一代的力量。

近日，习近平总书记对制止餐饮浪费行为作出重要指示，要求切实培养节约习惯，在全社会营造浪费可耻、节约为荣的氛围。善于观察的同学就会发现，自己身边存在不少浪费行为，从日常餐饮到用水用电、快递包装等，有的浪费现象令人痛心。勤俭节约是美德，也是责任。现在，物质条件不断改善，我们更应传承好艰苦奋斗、勤俭节约的传家宝，使之内化于心、外践于行。我们学校开展"小手拉大手，文明见行动"主题系列活动，倡导践行"光盘行动"，在助力创城工作的同时，也提高了我们的节约意识。

少年强，中国强。同学们，新学期是一个崭新的起点，希望你们开好头，认真听老师的教导，树立理想目标，通过锻炼强健体魄，从做好每一件小事开始，培养良好的习惯，不断超越自我，追求卓越。学校也将慎终如始，抓好疫情防控各项工作，严格落实常态化疫情防控要求，巩固来之不易的疫情防控成果。

祝愿老师们身体健康、工作顺利！祝愿同学们健康成长、学习进步！

"开启和美之门"入学礼校长致辞（2020）

9月，和美之门再次开启，新营又迎来一批莘莘学子。2020"开启和美之门"入学典礼将是见证你们茁壮成长的崭新起点。在此，我代表全校师生，对即将加入新营大家庭的一年级小同学及家长朋友们表示衷心的祝贺和热烈的欢迎！

新营小学是一个和美乐园，"求真向善、致和尚美"是我们每个新营人的追求与梦想，"乐学、勤学、会学、博学"是每一个新营学子的努力方向。

亲爱的孩子们，今天的你们终于成为小学生。学校有异彩纷呈的七彩课程，供你们自主选择；有独具特色的读书节、艺术节、体育节和科技节，为你们搭建起展示自我的舞台；还有深深爱着你们的老师、同学，与你们共度美妙的童年时光。今年，我们遭遇了新冠肺炎疫情。大疫当前，无数白衣天使前往一线，以专业精神和奉献精神守卫生死防线，和无数勇士一起用生命筑起了抗疫的"钢铁长城"。今天我们能站在这里，沐浴着阳光，举行开学典礼，离不开无数白衣英雄们的守护。孩子们，未来可期，愿新营给你最温暖的成长力量！

亲爱的家长朋友们，您是孩子的第一任老师！孩子的健康成长离不开您的悉心呵护，学校的教育教学活动也离不开您的参与和支持。请您常和老师真诚沟通，关注孩子的习惯和品行，更要关注孩子的成长与进步，时时刻刻做孩子的榜样，让我们携手共进，用爱与责任共同筑起孩子们通往成功的和美之路。家长们，未来是美好的，愿陪伴成为最长情的告白！

亲爱的老师们，作为孩子成长道路上的启蒙老师，你们要知道，面前的每一个孩子不仅是家庭的希望，更是民族的未来，请你们像对待自己的孩子那样珍爱他们，让家长放心，用爱心、耐心、宽容心对待每一个孩子，用爱与责任镌刻下新营人最美丽的诗行！

2019年，新营小学开启集团化办学的道路，经过一年的探索和实践，形成了三个校区协同发展的良好态势。2020年，我们会继续凝心聚力、开拓创新，进一步发挥学校的辐射带动作用，提升管理效能，让优质教育资源惠及更多的孩子和家庭，为全区义务教育优质均衡发展贡献新营智慧和力量！

此刻，让我们共同祝愿每位一年级新同学都能在和美新营快乐启航、幸福成长！

寒假放假大会校长致辞（2021）

又到岁末寒假时，根据疫情防控要求，响应市教育局号召，从明天起，我们就要进入今年的寒假了。

在和美的新营校园中，教师们辛勤耕耘，收获着作为教师的幸福；同学们努力拼搏，收获着成长的喜悦。这个学期，我们全校师生同心协力，圆满完成了本学期的各项教育教学任务。在本周，一、二年级的小同学，在无纸化测评中充分体验到学习的乐趣。三到六年级的大同学，经过一个学期的学习，相信也是收获满满。

同学们，虽说寒假是我们享有的愉快假期，但绝不是让我们放纵玩耍。作息无规律，玩手机、看视频无节制是绝对不可取的。利用好、安排好假期生活，是一个人智慧和意志的体现，不仅直接影响到你的学习习惯和生活习惯，或许能影响到你一生的前途命运。下面我讲一讲怎样过一个充实的寒假。

第一，按照学校的寒假综合实践活动指导，制定自己的寒假计划。这几年，学校针对学生的实际情况，分学段、分模块对假期生活提供了科学详细的指导。只要你踏踏实实按要求做到了，相信你会度过一个非常有意义的假期。在这里，我要特别要求同学们听老师的话，更要感恩老师。因为，平时工作繁忙的老师们好不容易等到假期，也需要看望父母、做家务、陪孩子，甚至进入一种比平时更忙的状态，但他们还是无怨无悔履行着老师的职责。在这个寒假，老师们每周都会在线上跟家长们、同学们进行交流，及时了解同学们在家里的情况，并提供一定的指导。在这里，我代表学校对老师们的辛勤付出表示衷心的感谢，也希望同学们发自内心地把掌声献给可亲可敬的老师们。

第二，遵守疫情防控规定，确保自身健康安全。在假期中，同学们要注意不玩火、防触电，不和陌生人交往，防拐骗、防欺诈，不到冰面玩耍，防溺水，时刻注意交通安全、饮食安全等，特别要注意疫情防控。同学们还要坚持"非必要、不出行"的原则，多采用电话等交往方式，并加强体育锻炼，提高免疫能力，保证过一个安全、文明、祥和的春节。就假期安全，一会儿还有专门的老师对大家进行培训，大家要认真听，认真遵守各项规定。对于疫情防控不到位的非学科类培训机构，大家尽量不要参加。如果必须出市、出省，大家要及时按程序、按要求向学校和相关部门报备，并做好防护措施。

第三，积极动手动脑，抓住实践锻炼的机会。在"双减"政策之下，书面作业减少了，但你们要提高实践能力。在假期中，你们要多搞搞小制作、小发明。在学习之余，你们可以帮父母做一些力所能及的家务，减轻父母的劳动负担，体会父母的不易和艰辛。同时自己也能学会一些劳动的基本技能，更重要的是可以加强与父母的沟通，增进与父母的感情。

第四，体验传统文化，传承中华文明与美德。春节、元宵节是中国人最隆重的节日，蕴含着深厚的文化底蕴。在假期中，你们可以听老人讲一讲风俗习惯、说一说家族历史，自己理一理家风家训，读一读报刊书籍，看一看乡土人情，感受节日的喜庆与生活的幸福，同时传承中华民族的伟大精神和文化精髓。

预祝老师们、同学们过一个充实愉快的寒假，也提前祝大家在新的一年平平安安、事事顺心、踔厉奋发、笃行不怠！

铿锵玫瑰勇担当，新营巾帼别样美
——2021年庆祝国际劳动妇女节校长致辞

山水催芳意，神州蔚风华。春天踏着轻盈的步伐，送来了2021年度的"三八"国际劳动妇女节。这是属于你们的美丽、温馨的节日，在此，请允许我代表学校领导班子向辛勤耕耘的女同胞致以诚挚的问候和崇高的敬意！

人们常说：妇女能顶半边天。我们新营小学女教师是支持学校教育事业发展的重要力量。在刚刚过去的2020年，突如其来的新冠肺炎疫情，牵动着每一个中华儿女的心。为响应教育部"停课不停学"的文件以及工作要求，我校女教师们迎难而上，积极战斗在线上教学的最前沿。录制网课、在线辅导、答疑解惑……虽然都是第一次，但你们都能在远程教学中化身"主播"全心投入，不辞辛苦指导学生开展网络学习，为学生送上了暖心的力量。2020年下半年，我们繁忙的教育教学工作中又增添了一项"惠民工程"——课后延时服务。迎着晨曦而来、踏着晚霞而归成为工作的常态。新学期伊始，西校区的教师们又投入午间配餐的辛苦工作中去。你们是教书育人、无私奉献的人民教师，始终将教师的身份放在第一位，舍小家为大家，每天坚守到最后一刻。同样，你们也是上有父母、下有儿女的普通人。你们也在以自己出色的能力、美好的品质当好家庭的每一个角色。学校重视评选文明家庭的工作，今年文明家庭的奖品是一个质量不错的锅，寓意是希望每一位女教师做最出色的家庭主妇，经营幸福美满的家庭生活，实现所谓事业家庭两不误。在此，我由衷地向女同胞们道一声："你们辛苦了！你们是新营小学的骄傲！"

今年是建党 100 周年，新的一年，学校将尽最大努力为女同胞们营造舒心愉悦的工作氛围，提升大家的幸福指数和现实获得感。希望我们新营女同胞们继续用女性特有的爱心、细心、耐心，为新营小学教育的高质量发展贡献巾帼力量！

"休言女子非英物，巾帼不让须眉男。"此时此刻，让我们再次把最深的感谢、最真的祝福、最崇敬的诗篇献给你们。衷心祝愿全校女同胞们节日快乐、青春永驻、阖家幸福！

"开启和美之门"入学礼校长致辞（2021）

9 月，和美之门再次开启，新营校园又迎来了一批活泼可爱、朝气蓬勃的小学生。在此，我代表全校师生，祝贺小朋友们成为光荣的小学生，和美的新营小学欢迎你们！

"开启和美之门"入学典礼是见证每一位新营学子茁壮成长的崭新起点。出于疫情防控的需要，也受天气的影响，我们将今年的"开启和美之门"入学礼移至室内，相信在这一方天地中，孩子们会有特别的体验。新营，是一所有仪式感的学校。一个个成长仪式将陪伴着新营学子一天天长大，见证新营学子每一个成长的瞬间。

可爱的孩子们，欢迎你们成为新营小学一年级新生。美丽的彩虹有七种颜色，我们的学校有七彩课程，供你们自主选择；神奇的大自然有四季的变化，新营的校园有四大校园文化节的精彩，读书节、艺术节、体育节和科技节，将为你们搭建起展示自我的舞台；家里有爱你们的爸爸妈妈，学校里有喜欢你们的老师、同学，与你们共度美好的校园时光。

亲爱的孩子们，相信爸爸妈妈已经陪你们观看了9月1日的《开学第一课》电视节目，在节目中我们看到革命先辈为祖国做出的努力与牺牲。操场上那飘扬的五星红旗就是用革命先辈的鲜血染成的，希望同学们认真对待每一次升国旗仪式，用最真诚的心，表达对祖国的热爱。拉齐尼一家三代人守护了72年的共同理想是为国守边，那么你们的理想是什么？每个人都要有理想和追求，无论理想是大是小，都要为之努力、不懈奋斗，这样才能实现理想，成为对国家、对社会有用的人。孩子们，未来可期，愿新营给你们最温暖的成长力量！

亲爱的家长朋友们，你们是孩子的第一任老师！孩子的健康成长离不开你们的悉心呵护，学校的教育教学活动也离不开你们的支持和参与。请你们与老师真诚沟通，关注孩子的习惯和品行，欣赏孩子每一次的成长与进步。严于律己、宽以待人，时时刻刻注意自己的一言一行，为孩子做好榜样。让我们携手共进，共同筑起孩子们通往成功的和美之路。家长们，童年是美好的，愿陪伴成为最长情的告白！

亲爱的老师们，作为孩子成长道路上的启蒙老师，你们责任重大。你们面前的每一个稚嫩的孩子不仅是家庭的希望，更是国家的未来，请你们像对待自己的孩子那样珍爱他们，宽严相济、温和而坚定，用爱心、耐心、宽容之心对待每一个孩子，让家长们放心、安心。老师们，德高为师、身正为范，愿你们用爱与责任镌刻下新营人最美丽的诗行！

让我们共同祝愿一年级新同学们都能在和美新营快乐启航、幸福成长！

共享冬奥情，一起向未来

——2022年春季开学典礼校长致辞

"一年春作首，万事行为先。"欢迎大家在早春时节重返美丽的校园。看到同学们再一次以饱满的热情重返新营大家庭，我感到非常高兴！同时，我也向为了同学们健康成长而辛勤工作的全体教师致以诚挚的问候和崇高的敬意！

新学期，新起点。回顾刚刚过去的一年，我们为同学们的勤奋学习、锐意进取而倍感欣慰，我们为老师们的无私奉献、兢兢业业而深深感动。正是有了我们全体新营人的共同努力，学校的社会声誉在不断提高，教学质量也不断提升，学校得到了社会各界的高度评价和赞扬。

在今天的开学典礼上，我想和大家分享五个词、表达五份爱。这五个词分别是：

一、爱祖国

在冬奥会开幕式上，当国旗飘扬、国歌奏响的时候，我们热血沸腾、无比激动，为强大的中国加油助威。护旗手忍不住流下了感动的泪水，他为祖国而感到骄傲和自豪。中国女足队员们夺冠后身披国旗，高喊"中国万岁"，让我们内心热血沸腾。这些美好的情愫就是——爱祖国！对祖国的热爱，应该成为每一个同学根植于内心的一份情感。在校园里，同学们在参加升旗仪式时要敬礼、肃立，少先队员要佩戴好红领巾，高唱国歌，用实际行动做一个爱祖国的好孩子。每一个中国少年内心都要有一种对国家的认同、对祖国的热爱。

二、爱探索

在春晚，我们看到中国航天员王亚平的女儿喊出了这句话："妈妈，给我摘颗星星回来！"你们是否也对浩瀚的宇宙充满向往？你们要善于探索，既要仰望星空，更要脚踏实地。冬奥会上出现了无人餐厅，运动员和记者们不需要服务员就可以自主用餐。为这次冬奥会修建的国家速滑馆内部温度实现了智能分层，既保证了冰面平整与稳定，又保证了运动员的体温体感，有利于运动员创造最佳成绩，还为观众营造了舒适的观赛环境。三种不同的温度得到了智能的控制，这就是科技的力量。这就是科技冬奥、智能冬奥、人文冬奥、绿色冬奥的具体体现。希望同学们从小爱科学，认真学科学，长大用科学改变人类的生活。

三、爱运动

冬奥健儿谷爱凌 16 岁加入中国国籍，她不仅擅长滑雪，还喜欢芭蕾、足球、篮球、骑马、排球、网球……她可以说一口流利的英语和标准的北京话。我们可以看到，优秀者是全面发展的。从谷爱凌身上，我们能够看到她扬在脸上的自信、飞在空中的身姿和长在心底的善良。希望大家向中国冬奥冠军谷爱凌学习，开学后坚持每天运动，让运动成为我们的良好习惯。

四、爱展现

美和自信是需要展现出来的。学校为大家提供各种各样的舞台，开设门类齐全的课程，希望大家在课堂上展现自我，在社团中体验美、展示美、传播美。学校的各种功能室是大家发展的重要场地，楼道里、教室内的文化墙将展示你们优秀的绘画和书法作品，操场上将展现你们矫健的身姿和运动的风采，演播厅里期待着你们精彩节目的展现……

五、爱拼搏

生活需要拼搏。春节期间有一部电影《奇迹笨小孩》，从影片中我们会发现，创造奇迹的人都是具有拼搏精神的人。你们从小就要热爱劳动，在生活中吃苦，在劳动中锻炼，不要怕吃苦流汗。只有小时候拼搏吃苦，长大之后，你们才能够应对未来社会和生活当中的各种挫折与磨难。

老师们，同学们，"一年之计在于春"，我希望在新学期，每一个同学都能够拥有五份爱。这五份爱分别是爱祖国、爱探索、爱运动、爱展现、爱拼搏。这"五爱"正好是我们"五育"强调的培养方向。所以我希望学校里的每一个孩子都能够以德立人，做爱国好少年；以智慧人，做灵动好少年；以体塑人，做运动好少年；以美化人，做和美好少年；以劳成人，做自强好少年。

祝大家新学期开学快乐，谢谢！

向美而生，逐光而行，筑梦未来
——在 2022 年庆"六一"大会上的讲话

今天，我们共同迎来了第 72 个"六一"国际儿童节。值此欢乐时刻，我代表新营小学教育集团向全体同学致以真诚的节日祝福，祝同学们节日快乐、学习进步、健康成长！同时向为少年儿童健康成长付出艰辛劳动、倾注无私爱心的全体教职工和家长志愿者们表示由衷的感谢和崇高的敬意！

同学们，儿童时代是美好人生的前奏，是生命乐章的序曲，远大前程从这里启航，良好的品行从这里养成，过硬的本领在这里练就。为此，学校在每个重要的时间节点都以独特的仪式丰富你们的童年：5月23日，三校区举行了一年级首批入队仪式，胸前鲜艳的红领巾，既是一份肯定，更是一种激励；5月27日，也就是上个周五，学校为四年级全体学生举办了"十岁成长礼"暨第一届帐篷音乐节，精彩纷呈的活动带来与众不同的成长体验；还有20多天，六年级同学们即将圆满完成小学阶段的学习任务、告别如梦般的金色童年，学校也将精心策划成童礼，为你们的新征程送上美好的祝福。

今天，借此机会，我想向同学们提出三点希望。

一、心向未来，要厚植家国情怀

同学们，生逢盛世，我们当不负盛世。去年，中国共产党迎来了百岁生日；今年，是党的二十大召开之年。希望同学们沐浴在党的阳光下，从小养成勤奋学习、勤于思考、勤于动手的好习惯。愿你们在新营小学学习的这段美好时光里，牢记父母、老师的谆谆教诲，常怀感恩之心，永立报国之志，珍惜美好时光，迎接美好未来，做一个自强、自立、自信之人。

二、心向未来，能勇敢面对变化

同学们，机会属于有准备的人！在新营，无论是在课堂上、在运动中，还是在舞台上，你都有机会尽情释放自己的个性和潜能，展示自己的风采和魅力。面对"双减"，同学们更要适应变化，自主自律，全面发展。一个人能否不断邂逅更好的自己，取决于他是否能够专注地做好当下的每一件事，希望同学们都能认准目标、脚踏实地、坚持不懈，去拥抱更好的自己。

三、心向未来，会享受美好生活

一个善于让自己开心的人，对特定的人与物的依赖性会相对更小，独立能力会更强，身心会更健康！人生的美好就像万花筒里的图画，没有永远固定的模式，获取内心快乐的路径多种多样：交到知心的朋友、有自己的兴趣爱好、沉醉于书的海洋、热心公益事业、承担力所能及的家务……希望你们每个人都能拥有感受幸福、感知美好的能力，希望你们能够在本届艺术节异彩纷呈的活动中找到自信、收获快乐，在参与中感受艺术的真善美！

预祝我们庆"六一"文艺展演活动圆满成功！再次祝愿同学们节日快乐！

日照市新营小学成童礼校长致辞（2022）

一晃六年就过去了，你们马上就要踏上新的征程，成为中学生了。由于疫情与天气的影响，我们的毕业成童礼只能以班级的形式进行。今年的成童礼规模虽小，但是在学校与老师们的精心筹备下，足够温暖，足够真诚。今天，在大家即将启程的时刻，我有三句话要送给你们。

第一句话是保持发自内心的感恩。一路成长的你们，少不了父母的陪伴、老师的教导和同学的帮助，也许他们是心甘情愿地为你们付出，但是所有的付出都不应该被看作理所当然。有回应，才能延续；懂珍惜，才可以长久。同学们，感恩是发自内心的，但是感恩之情不应该深深藏在心底，而是要表达出来。不表达出来，它的价值就减掉了一半！你们可以用不同的方式去表达感恩，让身边爱你们的人感受到被感恩的幸福与快乐。

第二句话是心存战胜挫折的勇气。挫折简单来说就是困难，它更多的时候是来磨练我们的，只有通过挫折的磨练，我们才会不断成长。同学们，其实每个人都是一边面对挫折，一边学会坚强的。虽然挫折是绊脚石，但如果我们积极寻找方法应对，它就会成为垫脚石，让我们的人生路更加平坦。战胜挫折需要勇气与坚持，孤身走过暗巷，也许就能看到万丈光芒；对峙过绝望，也许就会迎来新的希望。希望同学们心存战胜挫折的勇气，永不言败，成就最优秀的自己！

第三句话是追逐崇高远大的理想。理想是人生的指引，人生是追逐理想的旅程。理想并不虚无缥缈，它是我们对未来的一种追求。希望同学们有崇高而远大的理想，不甘于平庸，不止于安逸，选择一条进取和奋斗的道路，执着向上，心怀家国，努力成为堪当民族复兴重任的时代新人。

同学们，毕业不是终点，而是新的起点，愿你们用饱蘸智慧的笔在青春的答卷上继续书写自己的成长史诗，让生命庄重地再出发！真诚地祝愿你们：阳光向上，胸怀天下，有爱心，有力量，有担当，有使命，有成长！

第三部分　规划、总结

规范管理求创新，内涵发展创特色
——日照市教学示范学校创建汇报材料

首先欢迎和感谢各位领导和专家莅临我校指导工作。日照市济南路小学占地面积51.5亩，建筑面积2.1万平方米，现有47个教学班，2 959名在校学生，101名教职工。

近年来，学校在"润心教育"办学思想的指导下，确立了"面向全体学生，注重全面发展，培养个性特长，提高整体素质"的办学培养目标，全体师生辛勤耕耘，取得了丰富的办学成果和良好的办学效益。

学校被授予了"全国教研工作先进单位""全国新教育实验优秀学校""山东省教育厅重大课题重点研究基地""山东省规范化学校""山东省电化教育示范学校""山东省体育传统项目学校"等荣誉称号。

一、精细管理保质量

（一）实行学校领导包干制

教导处、教科处、电教处每个中层干部包一门学科，包干领导每周要走进课堂听课2节以上，积极参加自己所带教研组的每一次活动，和教师一起解决教学中的疑难问题。

（二）实施校长"一日蹲点"制

为及时准确把握教改动态，业务校长不定期抽取一个班，进行全天候跟踪听课，倾听老师和孩子们的心声，全面、具体掌握教学工作的第一手情况，为进一步引领学校教研教改提供决策依据。

（三）推行首席教师制

经民主推荐确定各年级组、各学科首席教师，首席教师的职责是带德、带教、带研。各年级组的教学、教研活动由首席教师组织组内教师进行，整个活动过程由包干领导把关，包干领导根据首席教师提报的活动计划，随时跟进，获得反馈信息。并将反馈结果纳入对首席教师的考核，每月考核一次，对于考核成绩连续排在最后一名的首席教师，应取消其首席教师资格。

（四）推行捆绑式考核管理制度

针对我校班级多、学生多、教师多，各项业务检查工作量和难度都比较大的特点，我们对教师的业务管理实行捆绑式考核管理，效果非常明显。

具体做法是：对教师的所有业务检查均采用随机抽查量化打分，被抽测教师的个人得分就是所在年级组同学科教师的平均量化分，年级组其他教师个人得分再由首席教师根据日常检查得分按照一定百分比计算出个人最后得分，要求年级学科组教师总分平均分不得高于被抽测教师所得分。捆绑式考核管理促进了教师之间互相帮助、互相督促，促使教师共同发展。

二、专业引领强素质

（一）通过"走出去学、请进来教"促进教师专业素质提升

近几年，学校先后派教师远赴北京、齐齐哈尔、丹东、宁波、济南等地观摩学习，与名师零距离接触，享受名校优质资源配置带来的鲜活课堂，开阔了教师的视野。我们还聘请教育专家来校指导，为教师答疑解惑。

（二）师徒结对活动加大了青年教师培养力度

学校启动的"青蓝师徒结对工程"是学科首席教师制的有效补充和延续。每一个新学期初，学校都会为每个青年教师指定学科首席教师作为他们的成长导师，开展师傅带徒弟帮扶活动，要求导师全力以赴，倾其所有，真心帮教，这大大地缩短了青年教师的成长期。

三、校本研究促提升

以校本研究为载体，我们尝试采用"三二五"教研策略，构建"问题—研讨—课堂"小课题式校本教研模式，将教学、教研融为一体，为教师的专业化成长搭台引路。

"三二五"教研策略即三级对话提问题，构建了"学生—教师—教研组"三级对话问题筛选方式；二步研讨找症结，形成大策略；五课同研抓关键，验证促成长，通过上课、听课、说课、评课、思课五个环节让教师深入研究课堂，使课堂趋向完美。2013年5月，在我校承办的日照市校本研究有效性交流会上，我校的"三二五教研策略"作了现场课堂案例展示，得到了与会专家和教师的高度认可。

四、内涵发展创特色

（一）创设多元课程，搭建个性舞台

为提高育人质量、丰富学校课程资源，我们依据本校近几年特色课程建设的基础与教师的实际情况构建了特色课程的三级框架：校本课程、班本课程、生本课程。

校本课程：依据学校近几年特色课程建设的基础与教师的实际情况，形成思维潜能开发、音乐、美术、体育四大系列的特色社团课程。

班本课程：在尊重学生个性化需求的基础上，把学生共性的需要整合起来，以国学经典和习惯养成教育为切入点，在一年级构建与实施既尊重个性又满足共性需求的班级课程。

生本课程：本着关注学生需求和特长、尊重差异、提供选择的原则，我们在二至六年级部构建适应学生多元发展的年级特色课程体系。

目前，学校共开发出了 30 多门特色课程，校本课程"形体训练""可爱的日照"荣获市校本课程奖。其中我校开发的以益智游戏为载体的思维训练课在全国"十二五"部级规划课题思维潜能开发成果展示会上进行了现场展示，受到了来自全国各地与会专家和教师的高度评价。

（二）"润心"文化，独具特色

特色一：楼层文化彰显特色主题。学校教学楼二到五层分别围绕润心、润情、润知、润智四个主题进行了设计，这既是对"润心教育"办学思想的诠释，也是济南路小学师生亮丽风采的展示。

特色二："五个一"营造浓郁书香。通过一室（图书室）、一廊（书香长廊）、一站（图书漂流站）、一吧（快乐书吧）、一墙（名人墙）让师生感受经典，积淀浓厚的文化底蕴，促进师生自我价值的实现。如今，济南路小学书香满园，硕果累累。2013 年 10 月，济南路小学作为新教育榜样学校在鲁豫皖新教育联盟开放周活动中进行了精彩

的展示。

若以上汇报有不当之处，敬请批评指正。

李洪江名校长工作室三年发展规划

为贯彻落实《中共中央国务院关于全面深化新时代教师队伍建设改革的意见》精神，根据东教发〔2018〕24号文件精神，落实《日照市中小学名校长（园长）工作室组建方案》要求，特制定本工作室三年发展计划。

一、指导思想

以《国家中长期教育改革和发展规划纲要（2010—2020年）》为指引，以校长的自主研修为基础，以校长的办学实践为主线，以科研课题为切入口，以建立校长学习共同体、努力成为教育家型校长为目标，充分发挥名校长的引领作用和工作室成员间的团结合作，积极探索现代学校办学特色模式，努力提升校长的办学能力和促进学校的和谐发展，形成一支坚持正确的办学方向、体现东港教育特色的教育领军人才队伍。

工作理念为培养教育家型校长，推动学校特色发展。

二、基本思路

工作室将以学校管理为研究领域，以教师队伍建设和课程建设为主旋律，以学校特色的建设与提升为研究方向，通过"专家引领、课题研究、实践考察、学术交流、总结提炼"的方式，提升校长的领导力，促进工作室成员形成自身独特的办学思想，使学校办学水平和特色建设得到进一步提升并呈良好的发展势头,在全市范围内产生一定的示范作用。

三、工作室成员及组织机构

(一)首席校长

首席校长为李洪江。

(二)名校长团队成员

名校长团队成员共有4人:管清江,东港区第三小学校长;牟玲,日照市新营小学副校长,分管教育教学;李鑫,日照市新营小学副校长,分管德育、安保、办公室;赵冬梅,日照市新营小学副校长,分管教科研、语言文字。

(三)学员

1.东校区

学员:葛娜、辛爱娟、王昆、庞录华、刘清华、丁雪、刘文霞、周云、梁作美、刘卫妮、路珊。

2.西校区

学员:李宜洁、王成、谭洁、莫修民、田玉琪、厉雪梅、林丽丽、孙晓梅、阚翠萍、庄元秋、李增艳、相洁、厉海森、左姣、孙新龙、汉京伟、庞兆龙、郑晓。

(四)部门

1.宣联部

负责起草发展规划和日常文字工作、工作室宣传和工作室内外联络工作。

2.科研部

负责工作室教育教学和教育管理研究工作。

3.策划部

负责工作室开展活动的策划工作。

4.后勤部

负责工作室后勤保障工作。

（五）首席校长助理

首席校长助理有李宜洁（宣联部主任）、林丽丽（科研部主任）、莫修民（策划部主任）、厉海森（后勤部主任）。

四、工作室职责

（一）制定规划，建立制度

制定工作室三年发展规划和年度工作计划，指导制定学员个人三年发展规划，建立工作室工作制度。

（二）搭建校长集中研修平台

建立校长积极参与、合作研修与自主发展的工作机制，组织读书研讨活动，深入开展项目或课题研究，探索教育改革，形成一批教育教学改革实验和学校管理研究成果。

（三）承担学员的培训和指导工作

通过名校长工作室的培养，提升学员的政治素养、师德修养和领导能力，拓宽学员的教育视野，提高学员的教育管理和创新能力。对学员进行考核，建立学员成长档案。

(四) 带动和指导学员学校工作

以调研诊断、报告会、校长论坛等形式,帮助学员所在学校提炼办学思想、明晰学校发展思路,充分发挥工作室的示范辐射作用。

此外,工作室还要完成市、区两级教育局布置的其他工作任务。

五、主要工作措施

(一) 创建一个平台

创建一个平台即创建学习平台,实行集中学习和自主学习相结合,对学员进行教育思想、教育教学实践及学校治理方面的指导。两年内,分期分批到校长学员所在学校学习调研,分期分批举行副校长学员管理经验交流汇报。要求学员每个学期写一篇学习体会或工作反思,三年内至少公开发表一篇研究论文。

(二) 推动两项研究

一是推动学校突破发展瓶颈的课题研究,即邀请本地区或国内知名教育专家组成团队,进行调研诊断、专题指导,对成员所在学校的建设发展进行跟踪。

二是推动新时代背景下校长课程领导力实践与研究。

(三) 实施三维联动

一是成员校联动,即以提升办学质量和创建学校特色为主题,对成员校进行全方位的考察调研,达到相互学习、共同提高的目的。

二是异地工作室对接,即与"协同创新与发展"名校联盟的名校长工作室结对,组织双方学员间的互动交流,建立友好合作关系。

三是主题考察学习，即围绕"两项研究"等主题，充分利用工作室成员的资源优势，组织学员外出学习观摩教育发达地区的学校在特色办学、课程建设等方面取得的成功经验。

（四）形成四种特色

形成四种特色即形成管理队伍建设特色、课程建设特色、校长领导力特色、办学思想特色。

形成管理队伍建设特色，即在两项研究的推动下，促进工作室成员共同进步。同时发挥工作室成员的集体智慧，推动成员校管理队伍建设。

形成课程建设特色，即借助新一轮课程改革机遇，探索适合成员校课程建设的新形态，并建设适合学生需要、促进学生全面发展的特色课程体系。

形成校长领导力特色，即通过多种途径，帮助学员校长结合个人特点、所在学校实际和教育改革发展的趋势，提升自身领导力。

形成办学思想特色，即鼓励学员通过撰写教育随笔和论文、反思等途径，梳理、总结、提炼教育教学管理经验和办学特色，形成较科学、系统的办学思想和教育思想，从而有效指导教育和办学实践。

六、阶段工作安排

（一）第一阶段：2018.4—2019.1

一是完善工作室的常规建设，制定工作室三年发展规划和年度工作计划，明确分工，各负其责，做好各项工作的部署。

二是确立课题研究方向，进行课题论证，完成课题阶段性工作。

三是建立工作室微信群，开展互动交流。

四是学员个人制定三年发展规划。

五是做好与异地名校联盟工作室对接、交流工作。

六是进行年度工作总结，接受区教育局年度考评。

（二）第二阶段：2019.2—2020.1

一是统筹安排并启动成员校调研考察活动。

二是安排去教育发达地区进行主题考察，并通过案例分析会、主题论坛等形式，要求工作室成员对本学校办学进行总结提炼汇报。

三是做好与异地工作室的交流学习工作。

四是学员积极反思与跟进，结合日常教育教学工作和案例分析，努力探索学校特色研究，进行汇报交流。

（三）第三阶段：2020.2—2021.1

一是组织学员进行主题参观考察学习。

二是结合个人成长经历，凝练自己的教育思想。与个人三年发展规划比照分析，进行个人发展性评估。

三是收集整理学员学习成果。

（四）第四阶段：2021.2—2021.9

一是进行校长教育思想报告会暨学校特色（或特色学校）创建展示活动。

二是做好工作室周期工作总结。

三是进行工作室优秀学员和个人成果奖的评比活动。

四是接受东港区教育局的验收评审。

践行和美教育，创建人民满意学校

一、学校发展现状分析

（一）学校概况

日照市新营小学创建于 1997 年，现有三个校区和一所附属幼儿园，158 个教学班，在校生 8143 名，教职工 468 名，其中省特级教师 1 人，市级以上优秀教师、劳动模范、教学能手 57 人。学校领导班子共有 8 人，其中校长 1 人，党总支书记 1 人，副校长 6 人。

（二）发展成效

立德树人，文化育人。多年来，新营小学教育集团秉承和美教育的办学理念，践行爱与责任的学校精神，为师生搭建了发现美、欣赏美、传播美、创造美的自主发展平台，以"致和尚美"的校训不断激励师生，营造了和美共生的文化磁场，努力让每一位师生在和美阳光下健康快乐成长，形成了独具特色的新营文化。

学校以文化人，从教育启迪的角度建设学校文化。学校从孩子的视角扮靓校园，创设和谐优美的生态园，凸显和美文化；画好以人为本的同心圆，培养和美教师，带动和美家长，培育和美少年；开发异彩纷呈的课程百花园，实施七彩校本课程。一系列举措让学校成为师生甚至家长们流连忘返的和美乐园。

学校荣获首届全国文明校园、全国教研工作先进单位、山东省规范化学校、山东省师德建设先进集体、国家级国防教育特色学校、全国绿色学校、全国红旗大队、山东省德耀齐鲁道德示范基地、省级环境教育基地、山东省平安校园建设示范单位、山东省中小学课程实验基地等 70 多项国家、省、市级荣誉称号。

（三）存在问题

第一，课程领导力有待提高。学校课程已经形成立体的架构，并逐步完善了课程内容，但在学校整体办学目标的引领下，仍需进一步思考课程整合，进一步凸显品牌课程，切实提升学校课程领导力。

第二，分层培养教师的模式不够完善。学校十分注重通过提升教师专业素养来推动师资队伍建设，并已初步形成分层培养教师的模式，仍需深入思考分层培养教师的内涵与内容，形成学校师资队伍建设的特色。

第三，集团化办学不够完善。集团化办学是促进教育均衡发展的重要举措，我们在同心圆管理文化基础上，需要进一步构建横到边、纵到底的网格化、扁平式管理模式，打造务实高效、团结奋进的管理团队，确立"一体两翼、体强翼壮、协同发展"的学校管理新思路，坚持"一个办学理念、一套领导班子、一支教师队伍"的原则，促进一体化办学向纵深发展，从而实现教育集团"三驾马车并驾齐驱"的发展目标。

二、学校发展目标

（一）指导思想

我校以"十四五"规划精神为指引，全面落实立德树人的根本任务，突出德育实效，推进智育创新，注重体育健康，重视美育熏陶，加强劳动教育，为加快推进教育现代化、建设教育强国培养德智体美劳全面发展的建设者和接班人。结合当前教育形势和学校自身特点，我校将着力打造素质过硬的教师队伍，加强学校内涵建设，提升办学品位，营造和美校园，让每一位师生在和美阳光下快乐成长。

（二）发展理念

办学理念为和美教育。

学校愿景为让每一位师生在和美阳光下健康快乐成长。

校训为致和尚美。

校风为和生合力、美怡人心。

教风为诚心、静心、虚心、潜心。

学风为乐学、勤学、会学、博学。

（三）三年发展目标

通过三年努力，全面提升教育质量，凸现学校特色，以人的发展为本，全面推进基础教育综合改革，探索学校管理新路子，打造一支素质过硬、业务精良、健康向上的教师队伍，充分发挥全校师生的创造潜能，促进师生快乐成长，真正实现教育集团"三驾马车并驾齐驱"的发展目标，创办富有特色的齐鲁名校，加强国际交流，培养师生国际视野。

三、发展措施

（一）学校管理工作规划

1.工作目标

注重学校教育治理体系和治理能力的现代化建设，逐步建立教学工作诊断与改进制度，不断完善内部质量保障体系和运行机制，完善教学管理流程。注重提升校长的领导力、领导班子的战斗力、管理团队的凝聚力。坚持人性化管理，发挥党支部、行政、工会、团队的凝聚力，使全体教职员工做到分工明确、职责落实、互相协作、相互监督，努力达到规范化、民主化、精细化的管理目标。

2.工作措施

第一，明确各科室的中层岗位及职责。

第二，修改、完善各项规章制度。通过职代会修改、完善学校绩效考核方案、班级考核评比机制和备课审批制度，调动教师积极性。完善学校章程建设，坚持民主管理，依法治校，依法治教。

第三，定期召开班子成员会议，汇报工作情况，商讨存在问题和整改措施。

第四，秉承"一体两翼、体强翼壮、协同发展"的学校管理新思路，努力促进三个校区建设，以提高管理水平和管理效率，整合三个校区的优秀教育资源，从而实现教育集团"三驾马车并驾齐驱"。

（二）党建发展工作规划

1.工作目标

坚持以习近平新时代中国特色社会主义思想为指导，认真贯彻党的十九大会议精神，不断增强党组织的创造力、凝聚力和战斗力。结合学校的实际办学情况，坚持"和美教育"办学理念，有效开展工作，建设奋发有为的师资队伍，争创更加优异的成绩。

2.工作措施

第一，健全组织生活，完善学习制度，进一步提升党员的素质。按照计划和规定开好支委会和支部会，组织党员学习党的十九大精神和党的建设理论、教育理论。要求党员做到爱岗敬业、教书育人、严谨治学、与时俱进，树立起良好的党员教师形象。结合我校如何提高教育教学质量的实际，使党员认清形势和要求，进一步增强事业心与使命感，同心同德、步调一致地把各项工作做好。

第二，巩固干部作风建设已经取得的成果。干部要进一步发扬求真务实、勤奋学习、爱岗敬业和勇于攻坚的作风，把上级和学校已经确定的各项工作做细、做实、做好，不断提高执行力、落实力和工作效率。

第三，发挥党员先锋模范作用。党员要发扬勇挑重担、吃苦耐劳的精神，起好先锋模范作用。推出党员教师典型，进一步宣传他们的先进事迹。在教学第一线的党员要积极投身教育教学活动中，刻苦钻研业务，努力提高教学水平，在班队管理和教育教学工作的探索与实践中做好排头兵，为完成学校的工作目标做出应有贡献。后勤部门的党员要进一步发挥积极性，保证后勤工作为教学服务。

第四，加强和规范组织管理、组织发展工作。关心青年教师的思想、学习工作和生活，关心他们的成长，鼓励广大青年教师刻苦学习、努力工作、积极上进，主动向党组织靠拢。对积极上进、有入党要求的教师积极做好教育培养工作，抓紧与上级联络，在"坚持标准，保证质量，成熟一个，发展一个"的原则下，严格按照区委组织部提出的"两推选、四票决、两公示"程序发展新党员。

第五，加强党风廉政建设和行风建设，完善党员干部考核评价体系。建设学校党风廉政建设领导小组，将党风廉政建设制度化，管理常态化。开展党风廉政教育，组织党员干部认真学习《中国共产党党内监督条例》。紧密结合干部党员的思想实际，着重加强"增强党员意识、遵守党的纪律、执行党的决议"等方面的教育。推行"阳光教育"工程，加强招生与收费管理，确保招生工作、分班工作规范有序和公正、公平、公开，确保学校财务、教务、党务工作的公开。

第六，发挥好党支部在学校工作中的政治核心作用。在学校内部管理中充分发挥学校党支部的作用，积极推进科学治校、民主治校、依法治校的进程。坚持党的群众路线，密切党群关系，关心党员同志和全体教职工的学习、工作和生活，调动全体党员和广大教职工的工作积极性。党支部进一步加强对工会、教代会工作的领导和指导。积极宣传新营小学"和美教育"精神，营造良好的教育氛围。

（三）教师队伍发展规划

1.工作目标

强化师德建设，通过引进、培养、培训以及名师的辐射带动等形式，建设一支具有高标准职业道德、高水平教学能力、高素质和谐观念的具有可持续发展的敬业型、学习型、研究型、专家型的高素质教师队伍，为构建"未来名师学校"奠定坚实的基础。

2.工作措施

第一,加强师德师风建设,认真学习党和国家的教育方针,以及有关重要思想、文件,树立对学生的爱心和教育工作的责任心,充分发挥党支部、工会和团支部的作用,把思想端正、上进心强的教师充实到党员队伍中来,充分发扬党员的先锋模范作用。建好"妇女之家",打造全区教育"妇女之家"文化品牌,展现新营巾帼文明岗的风采。

第二,坚持校本教研活动。制定系统的校本教研方案,充分发挥教研组、备课组的作用,重点加大对备课组的管理力度。由学校或教研组长为教师提供教改信息、理论文章、经验总结以及上级政策要求,教师要认真学习,深刻领会。特别强调对教育教学改革新理论的学习和信息化技能的掌握,每学期组织闭卷测试。对50岁以下申报高、中级职称以及申报名师的教师,要把每学期的理论测试作为重要参考和使用依据。制定方案规范备课组的管理,对备课组长的选拔、待遇、职责、奖惩以及备课组的工作业绩等都要系统研究。教研组、备课组要制定详细的工作计划,每周教研活动既要有主题、中心发言人,也要有活动记录。

第三,注重交流。加强与国际学校的交流,培养国际视野。加强校内交流以及与省内外学校的教育教学交流,及时了解省内外教育教学信息,促进先进教育观念的形成,在教学改革中形成更开阔的视野。校内的先进、骨干教师要为其他教师上观摩课,教研组也可以组织教师到市内兄弟学校听课,有计划地组织教师到市外、省外听课,进行学习考察。每年邀请2—3名教育专家到校开设讲座,尤其要邀请对课改有研究的资深专家到学校为教师作报告。

第四,建立激励型的教师队伍管理机制。不断完善对教师的继续教育培训方案及评价方案,每年、每学期对教师进行全面、科学、规范的考核和评价,并将其作为评先、评优、职评、奖励的重要参考依据。对在教育教学工作中成绩突出的予以奖励。促进教师在工作与学习、思考与反思中实现自我成长,体现自我价值,感受到职业的尊严与快乐,从而促使教师个体成长目标全面达成,教师团队建设目标如期实现,教师整体水平得到全面提升。

第五，坚持对青年教师的培养。遵循"以师为本"的发展理念，根据"四有"要求，拓展青年教师视野，着力提升青年教师的理想信念和道德情感，打造有责任心和使命感的教师团队。建立教师培养机制，根据不同层次教师的专业发展需求，创设开放式的校本培训机制。建立青年教师成长档案，完善能够促进教师专业发展的评价机制，引导教师主动学习、研究和反思，促进青年教师专业水平的提升。

第六，推动名师工程建设，完善名师工作室制度。充分发挥名师的示范带动作用，以名师标准培养中青年教师，使 30%的中青年教师成为市级（含）以上名师或骨干教师、学科带头人。重视科研队伍建设，培养一批科研骨干，结合学校的教改实际和发展需求，促使全员参与重点课题研究，及时应用研究成果，切实推动教师成长。

第七，充分利用课程资源为学生成长成才服务，创造性地开发适应学生发展需要的校本课程，校本课程要有完整规范的课程纲要、标准、目标、内容、实施、评价等系统方案，建立课程开发与教学的资源库。要通过完善七彩课程体系、推行基础课程分层教学、开设拓展型课程、实施研究型课程等方式加强和规范校本课程管理，争取使我校课程改革走在全市甚至全省的前列，重点打造学校特色课程：足校课程和创客课程。

（四）教育教学发展规划

1.工作目标

巩固课堂教学改革成果，深化课程改革，继续尝试和推进"和乐美雅"生本高效课堂教学模式探究，不断提高教育教学质量，促进学生持续、和谐发展。

2.工作措施

第一，坚持以"生本"和"高效"为理论指导，进一步深化课堂教学改革，建设基于现代技术的高效课堂，要求教师积极主动转变自身角色、教学方式与教学行为，利用现代教育技术手段，将学生创新精神和创造能力的基本点放在课堂上，指导学生学会学习，向课堂要效率。完善课改积极分子的评选办法，使更多的教师投入课改之中。

第二，在新课程理念下，继续狠抓备课、讲课、练习、考试、评卷、辅导等具体教学常规管理，以过程促进效果。要求教师在课前精心设计教案，在课堂上积极运用"诱思探究"教学思想组织教学，不断优化教学手段，发挥引导作用，激发学生的求知欲望，改变学生被动接受的学习方式，落实每一节的教学任务，探索课堂新样态，关注学生创新实践和参与社会的能力，在探索深度学习中落实核心素养，发展学生个性。

第三，建立教学质量监控体系。教务处要通过调研制定科学有效、简单易行的教学效果评价和过程监控方案，保证教学质量持续稳步提高。创造条件，用现代技术手段逐步建立质量监察体系。实行集体命题、背向命题以及教考分离等，强化监考职责，创新基础知识测评与基本技能抽测的内容及方式。

第四，加强学科建设。完善《学科建设考核方案》，课程内容要有时代气息，注重科学性、生成性，体现学科整合的特点，体现对学生创新精神、实践能力和共性品质的培养，体现学生个性发展的需求，体现信息化时代的特征，注重信息技术与教学内容的应用融合。创造有利于教师迅速成才和凸显学科教学特色的教学环境，使任课教师各显神通，逐渐形成有个性特点的教学风格。争取有3—5个学科成为全区乃至全市名学科，每学年重点建设2—3个学科，体现重点，突出重点。

第五，开展丰富多彩的学科竞赛及实践活动。积极引导年级组、教研组开展经典诵读、好书分享、古诗词考级、汉字听写大赛、作文竞赛等学科竞赛活动，形成比学赶超的良好氛围。

第六，积极开展体育及艺术教育活动，切实增强学生体质，挖掘和发展学生艺术特长，使全体学生各项身体素质指标基本符合要求，《小学生体质健康标准》的及格率达98%，优秀率为30%以上。学生近视新发病率控制在1%以下。一是加强音体美教研活动，规范课堂教学。教师依据学科特点努力改进教学方法，在授课时突出对学生体育能力及艺术特长的发现与培养。二是以《学生体质健康标准》为切入口建立检查、评估制度，对所学课程及时测试，以督促学生学习，提高学生锻炼的积极性。三是开展课外体育活动，丰富学校文体生活。加强对课间操的管理，抓好大课间活动的落实，严格纪律，保证顺利开展。根据实际情况，贯彻小型多样、单项分散的原则，按季节气候的不同开展丰富多彩的体育竞赛活动，如篮球、乒乓球、跳绳、呼啦圈、踢毽子等，这些体育竞赛活动可以激发学生兴趣，锻炼学生身体，依托校园四大文化节，搭建展示评价舞台。

第七，强化德育、美育、体育师资队伍建设，全面落实育人理念，将核心素养落细、落小、落实。统筹整合德育、美育、体育的国家课程、地方课程和校本课程，开设有特色的德育、美育、体育选修课程，开展"生活化＋活动化"的课程教学模式，充分利用社会资源为学生成长服务，组织学生走向社会、体验生活。

（五）教育科研工作规划

1.工作目标

坚持"问题研究"，聚焦学校教育教学，强调科研与教学实际的结合，形成教学和科研的统一。提倡探索、研究和解决教育教学中的具体问题以及学校发展过程中最需要解决的问题，不断更新教师观念，提高教师教育科研能力，更好地为教育教学服务。立足课堂开展主题校本教研，提高教师专业素质。

2.工作措施

第一，课程中心以深入指导"课堂教学"和"主题校本教研"为抓手，以"网络教研""学科中心组"和"与名校结对子"为三个培训平台。通过严格落实《教研组长管理制度》打造高水平的教研队伍；通过"学科QQ群"和"学科微信群"发挥网络教研的方便、快捷的服务作用；通过教研组的"主题研究、成果共享"推动全校教师共同成长；教科处立项的研究专题将拿出阶段性成果，以校区联谊、汇报讲座、成果编辑推广等形式和广大一线教师共享；预计未来三年，在学校的努力下，我校将和一所省内名校、一所全国名校联姻，取长补短。

第二，全力营造科研兴校的氛围，激励教师人人参与课题研究。依托市、省、国家三级课题，扎扎实实搞好课题研究，将科研与教研有机整合，培养一支好研究、勤反思、重实效的科研型教师队伍，每学年做到有成果（区级以上教师类荣誉50人次）、有实效（区级以上学生类获奖200人次）、促发展（争创科研先进单位、示范校）、提质量（专项督导名列前茅）。

（六）德育工作规划

1.工作目标

坚持立德树人，创新德育工作模式，围绕生本理念，通过实现路径创新与载体创新，探索德育工作品质化、课程化、生活化和社会化。崇德力行，知行合一，通过榜样树德、环境润德、常规养德、仪式育德、活动立德等途径，加强德育课程建设，凸显育人效果，形成富有特色的学校德育工作新模式。

2.工作措施

第一，进一步完善班级考核方案。通过对考核方案的修订，让方案更加实用、更具可操作性，成为调动班主任工作积极性的有力抓手。

第二，构建学校德育主题系列活动。根据学生年龄、年级不同，实现德育活动在层级和主题上的螺旋式上升，让学生在六年里体验到适合心理发展特点、不同主题类型的德育主题活动。

第三，打造学校德育工作的品牌。学校德育工作面临新的挑战和机遇，要将立德树人视为根本任务，贯彻落实《山东省中小学德育课程一体化实施指导纲要》，满足一体化和适应性要求，构建序列化德育课程，使德育目标有序渐进、德育内容贴近学生实际，培育和美少年。力争打造在区域内叫得响的德育工作品牌。

（七）安全工作规划

1.工作目标

积极争创平安校园，健全学校各项安全工作制度，开展各类安全教育、安全检查、隐患整治和应急演练等活动，切实加强学校安全工作，进一步落实"安全第一，预防为主"的方针，保护广大师生的人身安全和学校财产安全，维护学校正常的教育教学秩序。

2.工作措施

第一，依据《中小学校岗位安全工作指南》，完善安全工作制度。健全学校安全工作管理体系，实施"一岗三责"，建立符合学校实际的重大灾害和突出意外事故处置应急预案和责任倒查追责机制，做到事事、时时、处处有责任人，以确保学校平安发展。

第二，加强师生安全教育。建好、用好学校安全教育平台，多形式加强师生安全教育、法制教育、心理健康教育和培训。

第三，加强周边环境治理。积极争取交警、食药、社区等有关单位部门的支持，进一步规范学校周边环境秩序，加强校车管理，开展校园欺凌专项治理活动等，严防各类安全事故发生。

第四，加大安全设施投入，对校园监控、安全设施等进行维修或更换，定期进行隐患排查，确保校园安宁。

（八）校园文化建设规划

1.工作目标

实施"文化立校"的发展战略，构建良好育人环境。新营小学秉承"和美教育"的办学理念，实践"爱与责任"的学校精神，营造舒适优美的环境和浓厚的文化氛围，使环境育人功能得到发挥，形成独具特色的新营文化，充分体现学校办学理念和校训中倡导的价值观，师生、家长、社会对学校的办学理念与价值追求认可度高，并积极参与学校文化建设。

2.工作措施

第一，重视校风、教风和学风建设，营造和谐的育人氛围，促进全体师生健康发展，以深厚的人文底蕴净化和感染学生的心灵。

第二，创建校园专题文化和班级文化，让校园的每一个角落都成为育人的环境，把黑板报、宣传栏、学校网站、微信、微博等作为文化阵地，树立正确的舆论导向，营造积极向上的文化氛围。

第三，制定学校文化建设方案，重视方案实施，通过一系列文化载体创建与制度创新，使学校文化活动主题鲜明、内容丰富、全员参与。大力开展校园文化活动，办好艺术节、读书节、体育节、科技节等活动。

第四，重视外部合作，创设和谐的育人环境。与社区（社会）、家庭共建学校文化，充分挖掘社区或社会教育资源，开展育人活动，形成家校互动紧密、关系和谐、认同度高的系统育人环境。

（九）学校设施建设和后勤工作

1.工作目标

学校利用三年时间，加强设施建设，树立"服务育人"思想，精心规划，规范管理，改善办学条件和现代化设备设施，积极创设和美的育人环境；合理使用教育经费，进一步规范财物管理制度；积极通过各类争创，不断提升学校教育现代化、信息化、数字化水平。

2.工作措施

第一，强化财产管理，完善登记制度，做到账物相符，严格执行财务管理制度，精打细算，节约开支，做好相应设备的维护。

第二，争取在三年内，扩（改）建园所面积，改善北园所设施，让幼儿享受更加美丽、花园式的校园环境。

第三，争取政府、社会各方支持，办好教职工食堂，解决广大教职工的生活问题，让教师能更加安心、舒心地享用午餐。

第四，改善办公条件。落实以教学为主的核心思想，将改善教师办公条件作为健全基础设施、强化内涵建设的一项基础工作，着力推进，重点抓实，有计划、有步骤地改善教师的办公条件。

凝心聚力共创和美

——日照市新营小学教育集团 2021 年度工作总结

2021 年是牛年，也是建党百年。新营小学教育集团在区委、区政府、区教育和体育局的正确领导下，秉承"和美教育"办学理念，培养学生、服务家长、带动区域，充分发扬为民服务孺子牛、创新发展拓荒牛、艰苦奋斗老黄牛的"三牛"精神，不忘立德树人初心，牢记为党育人、为国育才使命，积极践行为民办实事，体现新营担当，展现新营风采。

一、强化党建引领，凝聚奋进力量

新营小学教育集团党总支下设四个支部，现有正式党员 120 人，预备党员 4 人，分散在三个小学校区和一个附属幼儿园。

（一）以创建"五好支部·和美先锋"党建品牌为抓手，打造先锋团队

过去的一学年，党总支以区委巡察整改为契机，对照区教育和体育局督导考核党建工作测评要求，全面实施"新营小学党员积分制评价管理"，严格组织生活，抓牢政治理论学习和党风廉政建设，落实好"三会一课"；巩固深化"不忘初心、牢记使命"主题教育成果，扎实推进党史学习教育活动；本着"双培养"目标，严格发展党员程序；积极主动发现典型、塑造典型，充分发挥优秀党员教师榜样的引领与示范作用，推进实施"和美先锋·七大先锋岗"创建，努力推动党员教师人人争做"和美先锋"。

（二）党总支积极发挥党组织的引领作用，着力为民办实事

党总支牵头三个校区分别在小香店社区、祥园社区和城建花园社区挂牌设立家长学校，采取走进社区、走进家庭的方式定期组织专家型党员教师助力学生家庭教育，致力孩子们健康成长，活动受到广泛好评。党员先锋在社区服务、午间配餐、课后延时服务、疫情防控等重大活动中冲锋在前。

2021年4月份，我校党总支作为东港区唯一的学校基层党组织，被区教育和体育局与市教育局推荐参加山东省百所党建品牌学校评选；2021年6月，我校党总支被区委、市委推荐参评全国先进基层党组织，后被评为"山东省先进基层党组织"；2021年9月，我校党总支制作的"我和我的支部"宣传视频被省委组织部选入"学习强国"庆祝建党百年微视频征集专题；2021年12月，我校获得山东省"一校一品"党建品牌示范学校称号。

二、打造和美教师，助推品牌建设

（一）分层培养、多元群动，新模式生发教师发展新样态

1.依托日常教研，建立学科教师教研成长群组

学校重视日常的教育教学研究，以学科教研组为成长群组，通过集体备课、教研组研讨、晒课和赛课活动，各级各类学科专题培训的组织，丰富教师的理论知识，提高教师的技能和素养。

2.依托"青蓝工程·小荷计划"，建立"青年教师专业成长群组"

学校关注新入职青年教师群体，坚持依托"青蓝工程·小荷计划"，成立多个跨校区、跨学段、跨学科的"青年教师专业成长群组"，序列化开展"135青年教师培养工程"。近年来，学校尝试构建"123青年教师培养资源体系"：一个成长档案——"青蓝工程·小荷计划"青年教师专业成长手册，两个资源库——"菜单式"导师人

才资源库、镜面示范培训资源库，三个共同体——业务学习共同体、联动教研共同体、课题研究共同体。学校充分发挥群组力量，为青年教师成长精准编码、分类规划、科学导航。

3.依托名师工作室，建立"骨干教师专业成长群组"

学校依托"赵庆芳名师工作室""郭长青名师工作室"做好骨干名师培养工程，铸就"和美教师"靓丽品牌。

（二）课题引领、科研兴校，建设科研型、创新型教师新团队

我校坚持课题引领、科研兴校，依托国家、省、市级课题，将科研与教研有机整合，培养一支好研究、勤反思、重实效的科研型教师队伍。

本年度有1项国家级课题结题：益智课堂与思考力培养的实践研究（2021年4月结题）。

新立项省级课题1项：新课标下小学语文审美与创造素养提升的策略研究。

新立项市级课题2项：小学普及性创客教育的实施途径与策略研究，核心素养视野下的小学校本课程开发与实施研究。

三、构建和美课程，推动"双减"落地

（一）教学管理精细化，队伍建设聚合力

第一，落实区教学会议精神，学校召开新学期教学工作会议，明确学校2021年教学任务目标：推进德育学科教学改革，落实立德树人；强化"体美劳"教育，全面提高学生综合素养；落实"三结合"健康教育，规范健康教育课程设置；聚焦"四六四"和美课堂（四环节、六策略、四特色），创新校本微教研；探索作业"新模式"，切实减轻学生课业负担。

第二，"减负提质"夯实和美课堂之基。学校以课堂教学为抓手，以"减负提质"

为宗旨，围绕和美课堂"四环节、六策略、四特色"，充分展现"和乐美雅"课堂教学理念。"和美先锋引航课堂示范先行"课堂教学展示活动、新教师亮相课、优质课推评等，让"双减"走进课堂落地生花，课堂教学水平得到普遍提升。

第三，组织学科素养展示活动，落实学科育人目标。学校开展了以语文数学学科为主、全员参与的学科素养测评活动。学校创新评价方式，特别是一、二年级无纸笔考试背景下，创新实行"日常积星卡＋期末闯关卡"相结合的评价方式。

第四，加强《道德与法治》教材、教学研究，促使三年级和五年级用好《习近平新时代中国特色社会主义思想学生读本》。各年级定期组织专兼职思政课教师专题研讨、集体备课，探索活动化的课堂教学模式。学校开展"思政课提升创优"活动，推进新时代"思政金课"创新，落实好"思政课程和课程思政"。

第五，强化"体美劳"教育，全面提高学生综合素养。学校充分发挥劳动的综合育人功能，开好劳动教育必修课，利用综合实践课、假期鼓励孩子积极参加家务劳动。学校开齐开好艺术课程，有机整合相关学科的美育内容，切实推动乐器进课堂。学校还开设了面向五、六年级高学段的体育课程——体育模块化教学，分别设置了足球、篮球、排球、田径、散打、武术等教学模块。

第六，"控量提质"创新作业优化设计。学校加强教研组作业研讨，坚持教师"试做作业"，逐渐探索形成学校特色："常规作业——基础＋弹性""特色作业——项目＋阅读"。学校实行校级、年级、班级"三级监管机制"和教务处、学科组"两部门统筹机制"，确保作业布置规范、合理、有益，及时反馈整改所发现的问题。

第七，科学衔接，做好入学适应教育。学校成立以校长为组长的幼小衔接实施工作小组，将科学有效地做好幼小衔接工作纳入学校中长期发展规划。幼小衔接零起点课程重点围绕"入学愿望""学习兴趣""学习与生活习惯"三个活动目标来进行内容的设计与组织。学校还利用家长会、专题培训、线上微课指导等形式，引领家长正确认识、充分信任零起点教育。

第八，落实"三结合"健康教育，规范健康教育课程设置。学校健全心理健康教育体系，协调三校区校医、心理健康教师进行课题选择、备课研讨，确定上课方式和地点；为教师参与心理咨询师的培训和学习搭建平台。

第九，落实推进睡眠令，为学生身心健康发展护航。学校切实开展调研，摸排了解实情，抓住关键环节精准发力，研讨制定系列可行方案，向全体教师、家长、学生发出了一道睡眠令。

（二）校本课程丰富灵动，助力学生放飞梦想

学校注重培养学生的核心素养，以课堂为载体，不断拓展课程资源，开展各类社团。本学期，我们在开足开齐国家、地方课程的基础上，在校本部共开设校本课程126门，在东校区开设校本课程63门，在西校区开设校本课程40门，为每一位学生的快乐成长搭建舞台，助力学生放飞梦想。

（三）以生为本，点燃课后服务新活力

第一，深化"作业辅导＋"课后服务。周一"作业辅导＋少先队活动"、周二"作业辅导＋书香共读"、周三"作业辅导＋校本课程"、周四"作业辅导＋社团活动"、周五"周末影院＋特长训练"，注重校内外联动，满足多样化需求。

第二，创造性开展午间课后服务"三部曲""五个汇"，打造以少先队活动为主阵地，以红色教育为引领，开展"红领巾故事汇""红领巾读书汇""红领巾观影汇""红领巾游戏汇""红领巾音乐汇"活动，点亮学生的午后时光。

（四）取得优异成绩

教学类： 高琦老师执教的《荷花》、周燕燕老师执教的《请到我的家乡来》分别入选小学语文和小学道德与法治基础教育精品课；周燕燕老师在区思政课教师基本功展示交流评选中获一等奖；课后服务典型案例《"三部曲""五个汇"提升午间课后服务品质》《"保底＋特色"促进学生全面健康成长》被"日照教育发布"微信公众号推送；

吕红梅老师的《土壤的种类》、金玉存老师的《土壤与动植物》入选基于国家课程标准的小学科学教学资源。

艺术类：和韵管乐团《世纪序曲》荣获区、市一等奖，航模校本代表队获市航空项目团体一等奖，阳光合唱团《大海啊故乡》《杵歌》荣获区一等奖、市一等奖并参加省比赛，戏曲《盛世梨园》荣获区一等奖、市六一晚会金奖，歌舞《为祖国绽放》获得市电视台六一晚会金奖，教师合唱团获得东港区建党100周年合唱比赛一等奖第一名，六年级8班《不朽的丰碑》获市第十六届少儿艺术节语言类一等奖，白玲老师的《原创线描工作坊》获区一等奖。

体育类：东港区中小学生足球锦标赛第一名，日照市中小学生网球联赛团体第二名，东港区中小学生田径锦标赛第二名，东港区中小学生田径锦标赛第五名，东港区中小学生羽毛球比赛团体第三名，日照市主城区足球联赛第三名，日照市青少年乒乓球锦标赛男子甲组团体第一名，日照市青少年乒乓球锦标赛女子甲组团体第二名，日照市青少年乒乓球锦标赛女子乙组团体第三名，日照市青少年乒乓球锦标赛男子乙组团体第三名，日照市青少年乒乓球锦标赛女子甲组团体第四名。

创客类：第三届山东省青少年创意编程与智能设计大赛小学组二等奖，日照市首届青少年机器人创客大赛小学组一等奖。

四、培养综合素质，筑牢成长之基

（一）夯实习惯养成教育，务实基础，开拓创新

学校以"和美银行储蓄存折"为抓手，细化、强化学生行为习惯养成教育；开展每月"和美班级"的评选表彰，对各班的课间秩序、文明礼仪、卫生常规等情况进行量化考核。

学校更新"和美银行储蓄存折"的形式，使其更具实用性；为每个班级配备"和和""美美"印章；继续牵头文明校园创建工作及创城中未成年人思想道德建设工作，在升

国旗仪式上进行"1分钟文明礼仪"训练，定期开展"文明小标兵"评选活动，并在升国旗仪式上进行表彰。

（二）发挥活动育人功能，丰富成长，提升素质

学校以"重要时间节点及学校主题节"为载体，聚焦庆祝建党百年重大主题，组织分学段开展德育主题实践活动。

学校加强和改进思想政治教育，传承和弘扬优秀传统文化、红色文化，开展"学党史，做好接班人""党建带队建"等纪念建党100周年教育以及海洋文化教育。

（三）拓展德育工作途径，求真务实，以新奋进

为深入贯彻落实共青团中央、教育部、全国少工委《关于构建阶梯式成长激励体系增强少先队员光荣感的指导意见》精神，切实增强少先队员的荣誉感和使命感，学校在本学期举行了"红领巾奖章"争章活动启动仪式。

学校以"课堂教学"为主渠道，引导教师充分挖掘教材中关于中华优秀传统文化及优秀道德品质的德育元素，积极构建德育课程、学科课程、传统文化课程和实践活动课程"四位一体"的小学德育课程实施体系。

学校继续拓展红领巾社区教育，开展丰富多彩的社区实践活动，密切联系学校所在社区，制定不同主题，在不同年龄段的孩子中间分期、分批开展活动。

学校充分发挥少先队员自主教育作用，以"红领巾监督岗"为阵地，设置学校执勤生、检查员等岗位，充分发挥少先队干部的能动性，增强其实践管理能力，培养其志愿服务意识。

学校继续拓宽家校协同育人渠道，促进家校沟通，构建学校、家庭、社会协同育人机制，搭建协同育人平台，吸引更多优质社会资源助力小学生健康成长。

（四）提升团队专业素养，强化责任，扎实功底

学校在开学初召开了全体班主任（辅导员）老师工作会议，布置本学期各项工作，并下发关于德育工作的各类详表，让每一位班主任（辅导员）老师对整个学期的德育工作做到心中有数。学校更新了《班主任工作手册》的排版、内容，使其更具合理性和实用性。

学校开展了为期 2 个月的班主任专项能力提升网络培训，促进班主任队伍专业化成长，班主任老师及德育管理人员通过线上培训和线下交流的方式参与本次活动。

经过努力，我校少先队被表彰为东港区"红领巾奖章"集体二星章、日照市"红领巾奖章"集体三星章；在东港区中小学班主任基本功展示交流活动评选中，高杰、王杰两位老师获得区一等奖，刘晓丽老师获得区二等奖，郑签羽同学被推荐为"山东省新时代好少年"，刘书彤同学被表彰为日照市"红领巾金牌讲解员"，高雨涵同学被推荐为"山东省优秀少先队员"。

五、加强安全管理，构建平安校园

（一）加强领导，统一认识，加大安全管理力度

学校切实加强对安全管理及建设"平安校园"重要性的认识，进一步提高安全工作防范意识，把安全工作置于教育教学和学校管理的首要位置。学校成立了以校长为组长、分管校长为副组长、有关科室责任人为成员的安全工作领导小组，设立安全工作联络员，按照"谁主管，谁负责""谁主办，谁负责""谁审批，谁负责"和"一岗双责"的原则，落实安全工作责任制和责任追究制。

（二）强化安全意识，制定具体方案，落实安全措施

学校层层签订责任书，把任务分解到科室、级部，落实到人，做到安全工作件件有

人管、条条有落实。学校领导亲自协调交警部门对校园门口及周边交通情况进行实地调研并提出可行性建议，确保学生上学路上的交通安全。学校与乘坐校车的学生家长签订安全责任书，与校车服务提供单位签订校车安全管理责任书；强化人防、物防、技防手段，抓好校舍设施设备维护、消防、治安、交通、自然灾害防范等基础性安全工作。在出现问题时，学校及时整改，对东港区公安分局反恐办检查出的问题及时汇报整改，三校区和幼儿园都安装配备了符合要求的防撞护栏、大理石防撞墩、金属探测仪等。学校定期开展自查并聘请专业人员对微型消防站、日常消防设施每月进行一次消防维保，及时排除安全隐患，对老旧的消防水带及时换新。

学校制定《学校突发安全事件应急预案》，组织开展师生安全宣传教育和培训，定期开展应急演练，提高师生对各类突发事件的应急处置能力和逃生自救技能；在上级部门的指导下和周边相关单位建立校园周边综合治理小组，注重安全长效机制建设，加大校园周边综合治理力度，维护校园及周边安全；在发生紧急情况时立即启动应急预案，全面负责突发事件的指挥、协调等工作，及时组织抢险抢救。

（三）通过检查评比，督促学生安全行为

学校实行"一日督查制度"，每天对学生路队、课间秩序、教师楼道值勤情况等进行检查反馈，将分数计入"和美班级"考核和教师个人考核，为班级和教师评优树先提供依据，增强全校教职工和全体学生的安全意识。

（四）通过各种活动，增强防范意识，提高安全自救能力

学校通过安全教育平台、安全教育课、安全教育主题班会、安全直播课、法治课进校园、消防知识培训、安全教育三分钟微课程、防溺水手抄报、防欺凌手抄报等，对学生进行安全教育，提高学生安全意识。

（五）强化门卫管理，落实各项安全措施

第一，学校对外来人员加强检查，特别是疫情期间，切实严格做到亮码、测温、登记、佩戴口罩后方可入校；保持校门口清洁、安全、有序；在学生上学时间内，对进出校门的人员执行登记等制度；禁止非本校车辆进入校园。

第二，学校在大门口及四周围墙安装了监控探头，在校内安装了监控录像系统。人脸识别系统与公安专网联网、室外监控由互联网转公安专网、一键报警与公安联网、访客机并入公安专网，确保出现紧急情况能第一时间通知辖区派出所。节假日白天除了门卫保安人员，还有值班教师、值班中层干部，由校领导带队。

第三，学校加强体育场地对外开放的管理力度，对进入体育场地的外来人员严格落实登记、亮码、测温等程序，定期对体育场地进行安全隐患排查。

六、精细后勤管理，精心服务师生

（一）做好常规服务，工作有条不紊

开学初，三校区及幼儿园将教学一线的教学用品及卫生工具及时发放到位，保证教学工作的正常开展。总务处全力以赴，提供优质服务，保证各类活动正常有序进行。学校在本学期通过安全自查，整改了 200 余项安全隐患，极大保证了学生的安全教育环境。

（二）优化办学条件，做好后勤服务保障

2021 年，学校共计完成各项采购 49 项、约 700 万元：智慧黑板 28 套、办公电脑 88 台、电子屏 5 套、钢琴及电钢琴 23 台、空调 34 台、热水器 16 台、饮水机 7 台、图书 10 163 册、学生课桌凳 1 600 余套、办公桌椅 78 套、教室存物柜 40 余套等。学生学习和教师办公条件不断优化。

（三）维修改造有序开展

东校区：利用暑假对操场跑道、人工草皮、排球场等进行改造升级、外墙护栏加高、厕所防水改造。

校本部：致和楼更换塑胶地面、门卫室改造升级、求真楼顶防水工程、求真楼外墙粉刷、心理咨询室改造、新改造办公室 4 间、新增教室改造 9 个。

西校区：少先队室及心理咨询室改造。

幼儿园：北区整体改造并且投入使用。

（四）精心美化、绿化校园

学校加强对校园已有花木、草坪的管理，抓好浇水、施肥、修剪、除草、防虫等关键环节，巩固已有的绿化成果，做好绿化长期目标规划，营造良好氛围，努力创造良好的工作和育人环境。

成绩的取得是全体新营人共同努力的结果，展示了和美新营人的风采。为党育人守初心，为国育才担使命，未来任重道远，办好人民满意的教育，我们一直在行动！

日照市新营小学教育集团

2021 年 12 月

参 考 文 献

[1] 储朝晖.育才学校教育的现代性及其启示[J].中小学管理，2019（12）：30-31.

[2] 储朝晖.最难读懂是胸怀：陶行知著作荐读[J].中小学管理，2019（10）：60.

[3] 丁道勇.平衡教育：杜威、陶行知提供的方向[J].教育研究与实验，2020（5）：9-15.

[4] 冯成.陶行知与马坚的抗日爱国精神[J].回族研究，2020，30（3）：19-25.

[5] 李锋，史东芳.陶行知乡村教师本土化培养思想及现实价值[J].教育学术月刊，2020（2）：3-9.

[6] 李俐均，代俊华.面向2035：推进"学""育"方式再变革——来自"现代学校改进新思维暨陶行知教育思想新实践研讨会"的思考[J].中小学管理，2019（12）：32-35.

[7] 李忠，张慧凝."创造出彼此崇拜之活人"何以可能：以陶行知的生活教育为例[J].河北师范大学学报（教育科学版），2020，22（4）：21-27.

[8] 刘怡.从"儿童中心"到"国家立场"：20世纪50年代儿童观的重塑[J].史林，2020（4）：158-169，221.

[9] 吕丹，吕映.文学家的教育情怀与教育家的文学情怀：论陶行知的儿童文学创作[J].齐鲁学刊，2020（2）：153-160.

[10] 吴丽萍，王金国.当代学校：服务社会的视角与行动——兼述陶行知先生的教育实践观[J].教育理论与实践，2019，39（22）：37-40.

[11] 张莹，张祎.陶行知教育管理思想的当代价值[J].中学政治教学参考，2019（26）：83.

[12] 左亚.用陶行知生活教育理论引领学校劳动教育的实践与探索[J].中国教育学刊，2020（S1）：35-36，43.